永続敗戦論

白井 聡

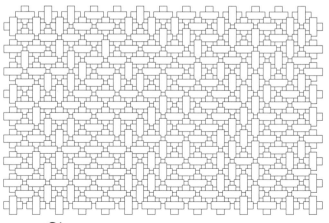

講談社+α文庫
プラスアルファ

目次

第三章　戦後の「国体」としての永続敗戦　157

エピローグ――三つの光景　231

本書は二〇一三年三月に株式会社太田出版より刊行された同名書を一部修正のうえ、文庫化したものです。著作権者との契約により、本著作物の二次及び二次的利用の管理・許諾は株式会社太田出版に委託されています。

文庫版　はしがき

本書は、『永続敗戦論――戦後日本の核心』（太田出版、二〇一三年）の文庫版である。太田出版版との異同は次の通りである。時制の表現などで不自然になっている箇所は、表現に変更を加えた。時事的な話題に触れている箇所で、本書刊行後に新情報が出てきたり、情勢に重要な変化があった場合には、主に注を追加することで、補足説明を行なっている。ただし、事情はつねに変動しているため、すべての話題に関して情報を遂一更新しているわけではない。また、来年刊行予定の韓国語版への序文、ならびに『マンガでわかる永続敗戦論』（朝日新聞出版、二〇一五年）のために書いた「はじめに」を収録した。本書の内容の理解に資するものと考えたからである。その他、表現を正確にしたり、強調点を明確にするために、若干の変更を加えた箇所がある。

そして光栄にも、進藤榮一先生が素晴らしい解説文を本書に寄せてくださった。心から感謝する次第である。

著者

韓国語版への序文

本書のモチーフについて

『永続敗戦論──戦後日本の核心』韓国語版が出版されることに、私は深い喜びを感じている。私は、外国の読者を念頭に置いて本書を書いたのではなく、日本の現在の政治状況・言説状況への介入を意図して書いたのであるが、本書の翻訳が、韓国における日本理解の助けになることを心から願っているし、実際本書がそのような機能を果たせるものと確信している。言うまでもなく、日本と韓国は政治・経済において密接で長期にわたる関係を持ち、人的交流もきわめて盛んである一方、歴史認識や領土問題という懸案を抱え続けている。私は、韓国の読者にとって、韓国側からすれば理解しがたく許容できない言動が、なぜ日本側から出てくるのか、その必然的なメカニズムを理解するための一助に本書がなることを期待する。

日本社会・現代日本史の文脈について詳しい知識を持たない外国の読者に対して、

本書のモチーフをここで説明しておくことは、無益ではないだろう。大局的に言って、本書は日本のナショナリズムに対する批判的な分析である。

よく知られているように、明治維新以来の近代日本のナショナリズムは帝国主義的膨張を支えるイデオロギーとなった。そしてそれは、第二次世界大戦における敗北というかたちで、深刻な挫折を経験した。ゆえに、戦後日本では表立って大日本帝国の膨張的ナショナリズムを再建すること、その再唱は、禁じられてきた。日本のかつての帝国主義が、軍事的に敗北しただけでなく、道義的にも敗北したことを認めることによって、戦後日本は国際社会に復帰することを許されたのである。だが、戦後ほぼ一貫して日本の統治権力であり続けてきた保守勢力のうちの一部分は、本音のレベルで戦前日本の帝国主義の実践を罪とは感じておらず、その本音が政治家の数々の失言・暴言として現れ、それが当然韓国や中国における対日不信と反日感情を繰り返し昂進させることとなった。こうした経緯が、「過去の清算」にかなりの程度真剣に取り組んだドイツと著しい対照をなしていることも、よく知られているだろう。

それでもなお、大日本帝国の侵略行為は「悪」として認識しなければならないという歴史観は、戦後日本国民の大多数の（少なくとも建前上での）常識となっていた。つまり、戦後日本社会には、このような本音と建前の二重性がある。いま目につく傾向は、建前部分にあたるこの「常識」が、日本の「戦後」が終わりを迎えるのと並行して、揺らいできたことだ。このことが、いわゆる「日本の右傾化」として海外から警戒される現在の状況をつくり出し、とりわけ日韓、日中間での政治的対立と国民感情の相互的悪化を生ぜしめている。

この状況は「古くて新しい」。古いというのは、領土問題や歴史認識をめぐって日本の政治家の失言などが発生する度に繰り返されてきた構図が、またぞろ再生産されているからだ。すなわち、問題発言等の発生、中韓側からの抗議、「いつまで謝罪要求をし続けるんだ」という日本側の反発、という構図である。他方、新しいというのは、次のような事情である。これまでそのような事件が生じても、それは、日韓・日中の関係は今後より緊密化する（そうならざるを得ない）という未来志向的前提のなかで受け止められてきた、言い換えれば、一層の関係緊密化へと向かう大きな流れのなかでの逆行的エピソードとして受け止められてきた。今日、崩れてきたように思われるのはまさにこの前提である。つまり、こうした感情的軋轢、摩擦は、長期的には何らかの仕方で乗り越えられるべき、あるいは乗り越えられるであろう障害として認識されるのではなく、国家間、国民間での関係の中核的本質として、受け止められるようになりつつある。

このような現状はどこから生まれたのか。日本側の事情について言えば、遺産相続のメタファーで考えてみるとわかりやすい。戦後日本の歴史は、長らく「平和と繁栄」の物語として認識されてきた。惨憺たる敗戦・焦土から、復興・高度経済成長・経済大国化を実現する一方で、大日本帝国の歩みへの反省に立った「平和主義」によって一度も戦争をしなかった時代、ひとことで言えば「素晴らしき時代」としての戦後である。この「平和と繁栄」の時代においては、対アジア諸国との政治的関係において日本が敗戦国の立場をとらなければならない道理は、腹の底では本当のところ納得できなくとも、了解はされていた。すなわち、「中国や韓国にいつまで謝り続けなきゃならないのか」という不満に対して、「これは遺産相続なのだ」という説明が通用したのである。遺産には資産と負債がある。植民地支配と戦争に直接責任がない世代も戦後の平和と繁栄を享受している以上、負の遺産も引き受けなければならない、と。

しかし日本は、一九八〇年代に繁栄のピークを通り過ぎ、バブル経済崩壊以降（九〇年代以降）、「失われた二〇年」と呼ばれる長期低迷に突入した。この間、繁栄は刻一刻と失われ、格差の拡大、貧困問題の再燃、社会不安の増大が顕著になってきた。つまり、殖え続ける国家債務をはじめとして早晩遺産は負債だけになる。それゆえ、

「そんな遺産ならいらない、相続放棄だ」という声が、いま高まっているのである。こうして、「良き日々」としての戦後が終わるとき、戦後日本の建前としての「大日本帝国の否定」がその肯定の欲望に取って代わられようとしている。かかる状態が、安倍晋三政権の成立と国民からの目下の高い支持へと帰結している。

だが、こうした新しい日本のナショナリズムは大いなるねじれを抱えている。というのは、本来「大日本帝国の肯定」を本気で実行するには、大日本帝国をまさに打ち砕いたアメリカに対する敗北を否定しなければならないはずである。それは、究極的にはもう一度対米戦を戦い、今度は勝利しなければならないことを意味する。ところが、日本の自称ナショナリストたちのほとんどは、そのようなことを想像すらしない。

その理由は、こうした国家戦略が現実的でないためではなく、アメリカの傘の下で日本のナショナリズムを主張すること、すなわち外国の庇護の下でナショナリズムの欲望を満たすという状態の異様さがもはや意識されないほど、対米従属の体制が自明視されているところにある。こうした心性は、占領期からの長い時間と政治・経済・文化・国民生活にまたがる広い領域でのアメリカからの影響を通して醸成されてきたものであり、その形成過程を簡単に説明できるものではない。

ただ、こうした日本のナショナリズムがアメリカによって支えられる(ゆえに、戦後日本の保守勢力の主流は「親米保守」と呼ばれる)という、ナショナリズムを鼓吹する立場から見てもグロテスクな構造がもたらした結果は明らかである。それは、対米関係においてナショナリズムがあらかじめ挫折させられることによるストレスの捌《は》け口が、対アジアとの関係において求められる、ということだ。すなわち、対アジアにおける敗戦が全力で否定されるのである。この状態は、言い換えるなら、対米関係での敗北を骨の髄まで内面化すると同時に、同じコインの裏面としてアジアに対する敗北を否認しているということである。かくていま、戦後日本の体制の本当の骨格が露《あらわ》になりつつある。すなわち、戦後日本は、第二次世界大戦における敗戦の事実を曖昧にすること、より正確に言えば、敗戦の政治的帰結を出来る限り受け入れないことを、支配体制の核心的本質としてきたのである。

無論、あれほど重大な戦争における完敗の帰結を受け入れない、などということは土台無理な話である。ゆえに、対アジア諸国との関係における「敗戦の否認」は、対米関係における対米無限従属という代償を支払っている。この代償の度外れた高額さは、実体的のみならず、想像力の次元にまで及ぶ隷従によって証明されている。本書は、この歪んだ歴史意識、世界把握の認識地図が、冷戦構造のなかでいかにして成立したのか、そしてそれが冷戦崩壊以降いかに存続不可能なものとなっているのかを解明する。いまやこの歪みは、日本そのものと関係諸国にとって実体的に危険なものになりつつある。それは日本にとって破局的な帰結をもたらしかねない。そのとき生ずるのは、あの戦争での負けを正面から認めていないがゆえに、新たな敗北を招き寄せる、という事態にほかならない。敗戦を否認するがゆえに負け続ける。これを私は、「永続敗戦」と呼んでいるのである。

永続敗戦論から見た安倍晋三政権下の日本

以上の説明から、現在の日本の安倍晋三政権の本質的性格は理解可能になるはずである。本書は、二〇一二年末の安倍自民党の政権復帰を横目に見つつ執筆されたが、その後の政権がたどった軌道(日中・日韓関係の一層の冷却、特定秘密保護法制定や集団的自衛権行使容認に代表される戦後憲法体制への破壊行為等々)は、本書が提示した展望と寸分たがわないものとなった。

安倍は、「戦後レジームからの脱却」を呼号している。このスローガンは、表面的には、表面においてだけは正しい。確かに、日本の「戦後」はすでに長く続きすぎた。だが、『永続敗戦論』が論証するのは、「戦後レジーム」なるものの実態とは、敗戦という動かせない政治的事実を誤魔化すことを背骨とする対米無限従属（その裏側として東アジアで孤立する）体制である、ということだ。したがって、「戦後レジームからの脱却」とは本来、綿々と続いてきた対米従属の構造を相対化すると同時に、対アジアでは領土や歴史認識をめぐる問題を当事者相互が納得できるかたちで解決する方向へと踏み出すことで、日本を「アジアに着地させる」ことでなければならないはずである。ところが、安倍政権の対外政策の方向性は、全くその逆である。すなわち、安全保障や経済協定といった側面で対米隷従の性格をますます強めながら、東アジアでの緊張・軋轢を昂進させている。だから、安倍の言う「戦後レジームからの脱却」とは、その実態において「脱却」どころか「戦後レジームの純化」にほかならないものとなっている。

その理由は、属人的要因、すなわち戦後レジームの本質をどうしても理解できないという安倍晋三の知性の壊滅的欠陥には帰せられない。安倍個人、および彼を支持する勢力にとって、「戦後レジームから脱却する」とは、敗戦の結果として異議を唱える余地なく構築された体制（日本ではこの総体が「戦後民主主義」と呼ばれている）を否定すること、言い換えれば、「敗戦の否認」をやり遂げることにほかならない。安倍とその取り巻きがそれをしたがる理由は、彼らの知的次元での低さにのみ還元できるものではなく、欲望の次元においてこそ見出される。安倍の数々の言動から確実に察せられることには、彼の脳内では戦後民主主義に対する憎悪の念が激しく渦巻いている。そして、この敗戦の否認は、多くの日本人にとって安倍とその取り巻きたちのような右翼的な好戦的イデオロギーとして現れているのではないとはいえ、戦後の大衆的な歴史意識の核心をなしているのである。

右派勢力の抱えている矛盾は、先に触れたように、戦後民主主義の否定をアメリカの後ろ盾の下に行なおうとする——彼らはあくまで親米保守なのだから——点にある。敗戦の否認を本気で追求するならば、それは、戦勝国アメリカの歴史認識、アメリカによる戦後対日処理の正当性の自負と当然不可避的に衝突する。こうした状況下で、米オバマ大統領は、安倍政権の歴史修正主義への明白な傾倒をはっきりと認識しており、安倍に対する嫌悪の感情すらほとんど隠そうとしていない。これはすなわち、軍事面での日米緊密化が追求される一方で、日米関係に潜在的には深い亀裂が走りつつあることを示している。こうして「敗戦の否認」をその中核とする永続敗戦レジームは、純化することによって内破に向かいつつあるが、それは本論で述べるように、このレジームの耐用年数がすでに過ぎている以上、当然のことである。

理解が難しいのは、いまなぜ、このような政権が成立したのか、という事情であろう。そこには複合的な要因があるが、特に指摘しておかなければならないのは、二〇一一年三月一一日の衝撃である。福島第一原子力発電所の大惨事が収拾の目途が立たないことをはじめとして、この天災＋人災から受けた日本国民の精神的衝撃は大きい。この事件は、日本の「戦後」にある意味でピリオドを打った。これに先立つ「失われた二〇年」の間、時は曖昧に過ぎて行った。すなわち、「平和と繁栄としての戦後」という物語が徐々に失効しつつあることに人々は気づきながらもそれを正面から認めようとはせず、頽勢を立て直す改革が叫ばれながら実際には黄金時代としての戦後の遺産を食い潰してきた。言い換えれば、「戦後」は終わったのか終わっていないのか、ひたすら曖昧であるような時間が流れていた。これに三・一一は終止符を打ったのであった。津波に襲われた地帯の光景と、建屋が吹き飛んだ原子力発電プラントを突きつけられたとき、日本人にとっての良き時代としての「戦後」は決して戻ることのできない時代となった。

しかし、この衝撃に対する日本社会の反応は、後ろ向きのものであった。すなわち、戦後の本質を見極めたうえで「戦後の清算・超克」に自覚的に向かう――それは「永続敗戦レジームからの脱却」を意味する――のではなく、「戦後の建前」をかなぐり捨てるという方向へと向かっている。その意味で、「戦後」はその地金を露呈させているだけで、真には終わっていない。ここで言う、「戦後の建前」とは、大日本帝国の体制と価値観からは基本的に断絶したものとしての戦後民主主義のルールと価値観の尊重である。つまり、戦後民主主義の世界において、つねに潜在してはいたが公に語ることが不文律によって禁じられ、社会の多数派をとらえることはなかった「大日本帝国の肯定」＝「敗戦の否認」の欲望が、大っぴらに表明されるようになったのである。安倍の政治は、こうした大衆的欲望の広がりによって、相当程度支えられている。そして深刻なことには、何らかの理由で安倍政権が交代することになっても、この欲望の広がりが簡単には消えないことは明らかなのである。

かくして、一方で「戦後」は終わりつつ、戦後の建前の水面下に隠然と伏在し続けてきたものが公然と出現し始めるというかたちで、永続敗戦としての戦後が無限延長しようとしている現状がある。その最も見易い現れは、在日コリアンに対する排外主義者たちのヘイトスピーチによる攻撃である。この極右勢力は、「行動する保守」を名乗り、東京や大阪のコリアン・タウンに集団で押し掛け、ここに書くのが憚られるような憎悪むき出しの発言を繰り返している。

彼らはもちろん、かなり極端で特殊な人たちである。しかしながら、彼らが自らの醜悪な運動を「国民運動」と称しているのは、残念ながら根拠なきことではない。なぜなら、大日本帝国において朝鮮民族は二級市民扱いされ、半ば公然と差別してよい対象だった。敗戦の結果として、日本人は在日コリアンを対等の基本的人権を持つ存在として尊重しなければならなくなった。換言すれば、戦後の在日コリアンの存在自体が、対等な基本的人権を持つものとして彼らが存在していることそのものが、大日本帝国の崩壊の結果であり、彼らは日本の敗戦の「生きた証拠」である。してみれば、極右活動家がやっているのは、憎悪表現によって在日コリアンの人権を現実に侵害することであるが、それは「敗戦の否認」の行動による実践にほかならない。ゆえに、彼らは少数者であるにもかかわらず、実はマジョリティーである。なぜなら、「敗戦の否認」こそ、戦後日本の根幹を支え、日本人の歴史意識に深く根づいてしまったものにほかならないからである。

竹島＝独島問題と永続敗戦、自己愛としてのナショナリズム

さて、本書の第二章は、日本が抱える三つの領土問題（尖閣諸島、北方領土、竹島）に言及している。領土問題を考察したのは、それが今日の日本のナショナリズムが焦点化する問題において重要な部分を占めており、またそれが激しい感情の昂進をもたらす危険物であるためであって、それ自体が知的に興味深い対象であるためではな

い。三つの問題のいずれにおいても、日本政府が掲げている公式見解は、それが自負するほどの国際的正当性を持つものではないこと、それは敗戦の事実を直視したものではないことを、本書は解明している。

だが、このように日本政府の見解を批判しているからといって、本書は、それぞれの係争において、中国政府・ロシア政府・韓国政府の見解や各国の領土問題をめぐる世論を積極的に支持したり、各政府が領土問題について展開しているキャンペーンに同調しているわけではない。ある国の領土ナショナリズムを批判するために別の国の領土ナショナリズムを援用することは、自家撞着でしかない。どの国であれ、領土問題に関して当事国のナショナリズム感情が過熱してしまうこと一般に対して、私は批判的である。

ただし、竹島＝独島の帰属問題そのものについての私の見解を述べるならば、次のようになる。同島が日露戦争から韓国併合に至る流れの一環として公式に日本の領土に編入されたこと、かつこの編入は日露戦争中の軍事的要請に促されてのことであり、その際に「この島は韓国のものである（かもしれない）」という認識が当時の日本政府内に存在したこと、以上の歴史を踏まえたうえで、戦後日本の領土はカイロ宣言、ポツダム宣言の趣旨によって規定される――日清戦争以降武力によって獲得された領土は日本から剝奪される——という大原則に照らし合わせれば、竹島＝独島をめぐる日韓各政府の主張のうち分があるのは、どちらかと言えば韓国政府のものであろうと考えられる。国家間レベルに限って言えば、サンフランシスコ講和条約において竹島＝独島の取り扱いをめぐって明文化がされなかったことが、今日まで引き続く対立の直接的原因をなしている。それ以前に関すること、すなわち、近代以前の時代に竹島＝独島が日朝どちらに属していたのかを見極め、同島の「本当の帰属」を確定しようとする日韓両国のナショナリストたちの奮闘について、私は一切関心がない。詳しくは本論で説明するが、これらの営為は単に不条理で不毛だからである。

　竹島＝独島の帰属に関して以上のような見解を私が持っていることと、領土ナショナリズムの過熱一般について私が批判的であることとは、全く別の事柄である。政治学者の玄大松は、韓国のメディア上で独島がどのように扱われているのかを概観して、次のように述べている。「「韓国の一年は独島から始まって、独島で終わる」と言っても、あながち的外れでない[1]」。

　私は、竹島＝独島が韓国の独立の象徴として非常に強力な感情動員の機能を持っていること、苦難に満ちた歴史的経緯からしてそこに必然性があることを、知識として了解している。その一方で、竹島＝独島によって喚起される韓国国民の感情を、皮膚感覚で「我がことのように」体験し、それに共感することは、私にはできない。率直に言って、玄大松が描き出しているようなメディアに媒介された熱狂に対して、私は違和感を持つ。この違和感は、日本で竹島＝独島の日本による領有主張を声高に訴える人々に対して私が持つ違和感と同じである。同島の帰属が自己の生活基盤に直接の影響を及ぼす漁民たちなら話は別だが、離れ小島の国家的帰属がどうなろうと自分の生活に対して実質的にはほぼ何の影響をも受けないであろう人々が、その小島にあたかも自らの最も貴重なものが賭けられているかのように思いなしてしまう。ここにナショナリズムの神秘がある。

だが、このメカニズムがどれほど神秘的で強力であるとしても、ひとつ確かなのは、人がこの強烈な力に捕えられているという自覚もなしに捕えられるとき、その人は自由であることから遠ざかることになるはずだ、ということではないだろうか。私は、精神において自由でありたいと望む人間として、私自身および私の同胞隣人にとって決して無関係ではあり得ない日本のナショナリズムの構造を解明しようと、本書で試みた。ナショナリズムとは集団的自己愛であろうが、それが厄介なのは、人間は必ず自己愛を必要とするという事情である。一定の自己愛がなければ、自己肯定が不可能となり人は心を病むこととなる一方で、自己愛は必ず自己認識を歪ませる。ゆえに私は、日本のナショナリズムが日本人の自己認識にどのような歪みをもたらしているのかを知るために、そして自分たちを捕えている力がどのようなものであるのかを知ることを通じてより自由な存在に近づくために、本書の議論を展開したのである。

だから、韓国の読者に私が期待するのは、戦後日本の統治構造とそのナショナリズムの内実を知ってもらうことだけではない。本書が提示する日本人の集団的自己愛に対する分析の方法が、おそらくは韓国人の集団的自己愛の在り方を読者自らが分析するにあたって何らかの示唆を与えることができるのではないか、と私は願っているのである。本書の論証がそれほどの強度を持つのか否かの判断は、読者に委ねるほかない。仮にそれが可能であるならば、本書は、自由な人間による国境を越えた連帯の形成のために、僅かではあれ、寄与することができるという、私の身に余る、しかし私が心の底から欲する栄誉を授けられることになるのである。

※韓国語版『永続敗戦論』は、イスル社より二〇一七年七月刊行予定。

『マンガでわかる永続敗戦論』はじめに

「なんで歴史を知らなければならないの？」

教室でこの言葉を発する学生はさすがにお目にかかったことがないけれど、口に出さなくても同じことだ。顔にそう書いてあるのだから。

「試験をパスできず、落第するから」という答えは、もちろん答えになっていない。「なんで」という問いは、「歴史を知らなければならないと実感できない」ことによる戸惑いから発せられている。

なるほど巷には、歴史に関する商品が溢れている。本屋の書棚には硬軟取り混ぜた歴史書が多数置かれ、テレビをつければ、歴史ドラマに歴史ドキュメント。全国の観光地は、それぞれの歴史遺産をアピールし、歴女の存在がブームになる。

しかし、これらの歴史モノは、単なる商品として受け止められるかぎりは、「知らなければならない歴史」にはならない。なぜなら、商品は、私たちが買う買わないを自由に選択できるものだからだ。だから、逆に言えば、商品化される歴史は、知っても知らなくても構わない歴史だ、ということになる。少なくとも、その買い手にとっては。

しかし、歴史には、それを知ることが人の生き方や、場合によっては人の生き死にに関わるものがある。それが「知らなければならない歴史」であり、本書が読者に伝えたいものにほかならない。

三・一一福島第一原発事故が発生したとき、七〇年前の「あの戦争」を二次情報を通してではあれ、知っている人々は、強烈な既視感を覚えたはずである。私はそのうちの一人だ。

責任者たちの当事者意識を欠いた言動、不決断と混迷、空虚な楽観主義、深刻な事態の過小評価、そして責任の不追及。これらの事柄は、たった七〇年前、日本人だけで三〇〇万に上る生命を奪った。厄災の性質は異なるとはいえ、まったく同質の原理が展開されるのを目の当たりにして、私は言葉を失った。

そして、強調しておかなければならないが、いま被災地以外で一応平穏無事な日常生活を営むことができているのは、まったくの幸運にすぎない。仮に、もう少し運が悪くて、当時の吉田昌郎所長らが危惧した「東日本が全部終わりになる」という事態に至っていたならば、私たちの日常生活は完全に崩壊していたはずである。

このことを認めてなお、なぜ歴史を知らなければならないか、理解できない人は、本書をいますぐ閉じて書棚に戻すほかないだろう。

私たちの社会は、あの悲惨な戦争の体験から学び、二度と繰り返すまいと誓い、戦後の平和と繁栄を手にしてきたはずだった。少なくとも、そのような建前のなかを生きてきた。

しかしながら、あの事故を通じて露呈したのは、建前がまさに建前にすぎなかったという事実だった。あの戦争において、神風特攻隊に象徴されるように、絶望的な戦況のなかであまりに多くの人々が無念でむごたらしい、いかなる意味でも合理化できない死を死んでいった。「国体」と呼ばれた国家―社会は、一種の人喰いマシンと化し、国民の大部分がその奴隷にされた。その恐るべきマシンは、克服されたどころか、いまもなお人々の生活のど真ん中に鎮座している。

私にとって、三・一一の教訓とは、これである。戦後七〇年間、私たちは人喰いマシンを実は放置し続けてきたのであった。そうだとすれば、私たちは知らなければならない。いかにして、このような事態が生み出され、確立され、そしていまや人喰いマシンは無惨な屍《しかばね》と化しつつ、いまだ動きを止めていないのかを。

そして、いま進行している原発再稼働の問題や新安保法制の問題等は、この問題の直接的な延長線上にあることとは、本書を読めば理解できるはずだ。

あの戦争の処理の問題と現代の問題をひとつながりにつなげて考えるなど、難しいことと思われるかもしれない。しかし、こうしたすべては、戦後史についての基礎的な知識さえあれば、十分に理解できる事柄なのである。

とはいえ、「戦後の歴史なんて知らない。学校の授業はそこにたどり着く前に終わってしまった」という声があるかもしれない。私が、本書を通じて読者に訴えかけたいのは、まさにこうした姿勢を金輪際捨て去ることにほかならない。

生きるために——すなわち、自らが生き残り、そして他者と共に生きていくために——必要な知識は、学校で教えてくれようがくれまいが、必要であることに変わりはない。

そもそも、こうした言葉を発する人は、戦後史に関して何かを自ら知ろうとしたことがあったのか。

知ろうとする者にとっては、素材はいくらでもある。この言葉を発してしまう人の不運とは、知ろうとしなければならないということを誰も教えてくれなかったことであろう。

しかし、本書を手に取ったとき、その不運はすでに終わったのである。

＊『マンガでわかる永続敗戦論』は、二〇一五年七月、朝日新聞出版より刊行されました。

第一章　「戦後」の終わり

第一節「私らは侮辱のなかに生きている」――ポスト三・一一の経験

「私らは侮辱のなかに生きている」

二〇一二年七月一六日、東京の代々木公園で行なわれた「さようなら原発10万人集会」において、大江健三郎は中野重治の言葉を引いてそう言った。この言葉は、三・一一以来われわれが置かれている状況を見事なまでに的確に言い当てている。そう、われわれはまさに侮辱のなかに生きている、侮辱のなかに生きることを強いられている。大江のこの発言は、関西電力大飯《おおい》原子力発電所の再稼働が、高まる抗議の声を押し切るかたちで、しかも「国民の生活を守る」（野田首相・当時）という理由づけによって強行されたことに、直接的には向けられている。だが、その含みはより広い。

福島第一原発の事故以降引き続いて生じてきた事態、次々と明るみに出てきたさまざまな事柄が示している全体は、この日本列島に住むほとんどの人々に対する「侮辱」と呼ぶほかないものだ。あの事故をきっかけとして、日本という国の社会は、その「本当の」構造を露呈させたと言ってよい。明らかになったのは、その住民がどのような性質の権力によって統治され、生活しているのか、ということだ。そして、悲しいことに、その構造は、「侮辱」と呼ぶにふさわしいものなのである。

だからわれわれは憤《いきどお》ってよいし、憤っているし、また憤るべきである。われわれがどのような侮辱をこうむったのか、またこうむっているのか――人間は忘れやすい生き物なのだから、ここで網羅的に数え上げることなどできないが、振り返って少しでも確認しておくことも意義のないことではないだろう。

「侮辱」の経験

まず、事故の発生に際し、政府は、原発周辺住民の避難に全力を尽くさなかった。それを最も端的に物語る経緯は、緊急時迅速放射能影響予測ネットワークシステム（SPEEDI）のデータが国民に公表されなかった、という事実である。[1]しかもそのデータは、国民には隠される一方で、米軍にはしっかりと提供されており、[2]菅首相（当時）はSPEEDIの存在そのものを「知らなかった」とシラを切り続けている。

当然のことながら、この件について、民間事故調査委員会も、SPEEDIは「原発立地を維持し、住民の安心を買うための『見せ玉』にすぎなかった」[3]と厳しく批判している。開発に三〇年以上の歳月と、一〇〇億円以上の費用が投じられ、維持運営に年七億円の税金が費やされてきたこの装備は、実にこうした使われ方をしたのである。そして依然として、この件について責任を取らされた人間は誰もいない。[4]

　有名になった「想定外」という言葉の内実についても、あらためて思い出しておく必要があるだろう。全電源喪失事故を想定しないという政府・電力会社が事故以前にとっていた方針がそもそも論外なのであるが、より具体的には、二〇〇六年の国会において吉井英勝衆議院議員（共産党、当時）が「巨大地震の発生に伴う安全機能の喪失など原発の危険から国民の安全を守ることに関する質問主意書」を提出し、地震・津波による原発の全電源喪失の可能性を指摘していた。しかも、このように外部から指摘されるまでもなく、東京電力の側も福島第一原発における津波対策の強化の必要性を繰り返し検討していた。現在明らかになっているのは、二〇〇六年[5]と二〇〇八年[6]におけるものである。にもかかわらず、東電は事故発生当時から繰り返してきた「想定外」という説明を、自社による事故調査報告書においても基本的に守り続けている。

　そして、忘れてならないのは、事故そのものが収束したと言うには程遠い状態にあり、いまもなおその現場で被曝のリスクにさらされながら作業に従事している多くの人々がいるという事実である。種々の報道によれば、これらの人々が、その任務の死活的重要性と危険性に照らして、しかるべき待遇を受けているとは到底思えない。まず、二〇一一年一二月の段階で政府から出された事故の「収束宣言」自体が全くのまやかしにほかならなかった。溶け落ちた核燃料が実際どこにあるのかもわかっておらず、また原子炉格納容器の破損箇所・程度も把握できておらず、加えて最終的な使用済み燃料の取り出しの目途も立っていない。そもそも安全な取り出し方法が開発可能であるのかすら不透明である。これらすべてにもかかわらず、「収束宣言」は強行され、それを根拠（？）として、政府と東京電力は作業員が無料健康診断を受ける権利を打ち切った。[7] 当然予見しうるはずのことであるが、こうした処遇の理不尽さから、すでに作業員の確保が困難になりつつあるとの報道もある。[8]

現場の問題が集約されたかたちで見て取れるのは、事故前から原発労働における被曝隠しや労災隠し、給与のピンハネの温床となっていた複雑怪奇な多重下請の構造である。三基の原子炉が溶け落ち建屋の屋根が吹っ飛んだこの未曾有の事故現場において、この構造だけはしっかりと生き残っている。

ここには二つの問題が露呈している。すなわち、第一にはこの作業に従事する人々の危険や健康被害を可能な限り最小限化し、しかるべき仕方で報いる体制がつくられていないという人道的な問題。そして第二に、この事故を本当の意味で収束させる意思を政府は実際持っているのか、という問題である。誰でもわかることだが、事故の本来の意味での収束は、現在の日本国家が第一義的に優先し、全力で取り組まなければならないプロジェクトである。したがって、仮に一人ひとりの政治家や関係する高級および下級官吏に、その意思の有無を尋ねたならば、全員が「持っている」と答えるであろう。しかしながら、関係者全員が持っている意思が、現実に組織総体の意思となる必然性はない。現に約七〇年前、この国は、「やれば必ず負ける（したがって、やるわけにいかない）」と各界の権力者・識者のほぼ全員が理性の上では承知していながら、太平洋戦争を開戦した。つまり問題は、この事故が処理されうるに適切な体制を構築する意思を現在の政府という組織が実際に体現できているのか、ということであって、関係者が主観的意識の次元でどう考えていようが、それは意義を持たない。そして、旧態依然たる〈無責任の体系〉（丸山眞男）[9]の結晶のごとき多重下請の労務構造によって現場の作業が担われているという事実は、かかる体制の不在を象徴するものではないのか？〈無責任の体系〉が引き起こした事故を〈無責任の体系〉によって解決しうる、という空しいばかりでなく危険な夢想がここにはある。原発業界の関係者にとって実際の安全よりも「安全神話」がより重きをなしていたのと全く同じように、実際の事故収束よりも「収束宣言」という言葉のほうが、時の政治家にとってはるかに重要なものとして認識されたことを、われわれはすでに見た。無論、こうした「夢想」はすぐにでも「悪夢」に転化しうる。[10]

「侮辱」の内容をひとつひとつ書いてゆけばキリがないが、東京電力という会社がいまだに存在している、ということを挙げないわけにはいかない。同社を存続させるという決定は、当座の電力供給の安定性を確保するという課題に加え、それ以上に、原発事故に伴う賠償・補償の主体を担保するための苦渋の選択という側面があったはずだ。こうした理由から生き延びさせてもらっているにすぎない企業が、ゴルフ場の除染を求められた裁判において、飛び散った放射性物質について「もともと無主物であったと考えるのが実態に即している」[11]と言い放ち、したがって除染を行なう責任はない、と堂々と主張する。しかも、かかる厚顔無恥を通り越した主張が裁判所によって是とされ、勝訴している。今回の事故によって被害を受けた、また受けつつあり、これからも受ける人々は無数に存在するが、この一件は、その人々に対してこの会社と政府がどのような態度で臨むのかを、如実に物語るものにほかならない。

さらに、「侮辱」は、原発事故に関係するものにとどまらなかった。あの地震と大津波を受けて、国民の多くが労力や資力の一部を割いて被災地域や避難住民に対するさまざまな援助を行なったし、いまも多くの人々がそれを続けている。この巨大な天災がもたらした痛みを国民全体で分かち合おうという感情は、しかし、官僚機構にとっては、各省の権益と権限を拡大するための絶好の機会でしかなかった。いわゆる「復興予算の流用」問題である。二〇一二年九月にこの目論見は暴露され[12]、一一月には予算の執行停止が政治判断されるに至った[13]。

右に略述した「侮辱」の一覧は、無論事柄の一部にすぎない。政府が事故発生当時の議事録は存在しないという遁辞《とんじ》をいまだに弄《ろう》している（私はその存在を確信している、もしも本当にそれがないのであれば、政府は度を越した無能ゆえに解散したほうがよい）ことをはじめとして、それは無数に存在し、ゆえにわれわれは「侮辱のなかに生きている」。ただし、われわれが肝に銘じなければならないのは、こうした「侮辱」のなかを生きさせる権力の構造、社会的構造は、三・一一そのものによって生み出されたものではない、ということだ。それは、この国の歴史のなかで不断に存続・維持・強化されてきつつも表面上は隠されてきたものが、誰の目にも明らかなかたちで現れてきたものにほかならない。要するに、現存の体制は戦前・戦中さながらの〈無責任の体系〉以外の何物でもなく、腐敗しきったものと成り果てていた。

だが、政府のみが批判されるべき対象ではない。さらに明らかになったのは、構造的腐敗に陥っているのは政府や電力会社だけではないということであった。本来、国家権力に対する監視者たる役割を期待されているはずのマスメディアや大学・研究機関の多くもまた、荒廃しきった姿をさらけ出した。
一例を挙げるなら、原発事故の発生に際して、日本気象学会の理事長は、同学会会員に対し、「学会の関係者が不確実性を伴う情報を提供することは、徒に国の防災対策に関する情報を混乱させる」「防災対策の基本は、信頼できる単一の情報に基づいて行動すること」[14]などと学会ホームページ上で伝え、気象研究者らが放射性物質の拡散予測を公表する動きを抑制しようとした。[15]
こうした振る舞いに「由らしむべし、知らしむべからず」といういわゆる御用学者的なメンタリティを読み取るだけでは、十分でない。理事長メッセージの言葉のなかで私がとりわけ暗然とせざるを得ないのは、「放射線の影響予測については、国の原子力防災対策の中で、文部科学省等が信頼できる予測システムを整備しており、その予測に基づいて適切な防災情報が提供されることになっています」という件である。おそらく、この理事長は、本心と異なることを意図的に言ってはいないという意味で、特段に不誠実な人間性の持ち主ではないのであろう。つまり、ここに引いた言葉を実際信じているに違いない。そうであるとすれば、この言葉は現代日本の知識人の知的荒廃の記念碑とみなされるにふさわしい。
というのも、「由らしむべし、知らしむべからず」が、時に知的かつ狡猾に振る舞う治者の原則を述べた言葉であるのとは対照的に、「適切な防災情報が提供されることになっていいます」と本気で語ってしまう知性は、端的に崩壊しており、意味不明なことを語っていることに自分でも気づいていないからである。「適切な防災情報が提供されています」、あるいは「適切な防災情報が提供されると私は信じます」「適切な防災情報が提供されると私は期待します」という言表は理解可能である。しかし、現に適切な情報は流されていなかったのだから「提供されています」という表現は客観的事実に反することになり、不可能であった。とすれば、理事長は「信ずる」「期待する」という主観的確信を述べるほか本来なかった。がしかし、彼はそれを行なうことができなかった。つまりそれは、「信念の表明」という形式において何かを言うことを、この立派そうな肩書きを持つ人物はもはやなし得なかった、ということである。そこから生まれた産物が、「ことになっている」という発話者の主観的確信を述べたのか、客観的事実を述べたのかどうにも判断がつかない、正体不明の表現にほかならない。ゆえにこれは、正確には御用学者の言葉ですらない。その主体性において屍《しかばね》と化した者の言葉である。

アカデミズムに関して言えば、大学を覆う状況についてもひとこと触れる必要がある。工学系諸学部と原子力関係企業・組織との利害関係がきわめて密接であり、その利権で結びつけられた強固な同盟が原子力利用に対するあらゆる批判を組織的に封殺してきたことはいまさら言うまでもないが、事ここに至ってもなお原発問題をタブー視する雰囲気は、一部の大学において醜悪な全体主義を形成していると思われる。

東京の某有名私立大学で起きた出来事を紹介しよう。二〇一一年一〇月にある文学系学生サークルが、小説家の高橋源一郎に講演を依頼した。これを受けた作家が講演タイトルを「『恋する原発』を書き終えて——三・一一以後のことば」とすることを伝えてきたところ、このタイトルに大学当局が反応、講演会の広報活動を禁じるという挙に出た。この一件は作家本人のツイッター・アカウントから情報拡散され、広範な注目を浴びた。その甲斐あってか講演内容への介入などは生じなかったようであるが、この過程は今日の大学の体質を余すところなく物語っている。講演タイトルは、それ自体政治的主張を含むわけではなく、明確な脱‐反原発のメッセージを含むものでさえない。にもかかわらず、東京を中心に脱原発を掲げたデモ・集会が続々と開催されるなか、その「気配」だけで大学当局を刺激するには十分であった。ここでは、大学が一般的に標榜してきた、「多様な意見」だの「多様な価値観」だのそれらの「対話」だのといった結構な理念は、もはや建前としてすら機能していない。もっと言えば、こうしたリベラル好みのスローガンは、ある種の権力の「聖域」には一切手を触れないことを条件に大学人が弄《もてあそ》ぶことを許されているにすぎない空虚な理念であることが、あらためて例証されたわけである。

マスメディアおよび財界については、ごく簡単に済ませたい。

いわゆる「マスゴミ」批判が盛んに語られる一方、そこで批判されているマスコミ各社・関係者には組織としても個人としてもさまざまな姿勢・論調が存在し、すべての機関や関係者が御用報道に徹しているわけではもちろんない。とはいえ、支配的な報道姿勢が「変化」を促す側に立っているのか、それともこの「侮辱」の体制の維持に加担しようとしているのかという座標軸から見るならば、多くの報道機関が後者に軸足を置いていることは明白である。無論、マスコミは「客観報道」に徹するべきであって特定の政治的立場に加担することを自らに禁じなければならない、という原則は存在する。しかし、そうであるとすれば、なぜベトナムで中国大使館に対する抗議者が数十名現れるとそれについての報道は迅速かつ豊富になされる一方で、首相官邸前の万単位の抗議者についての報道が増大するのに長い時間がかかったのか？　事実として、「客観報道」など存在してはいない。

財界については、こちらも本来その内実は多様であるはずだが、その主流派が原子力をめぐる根本的路線転換の最大の障害となっていることには、全く疑問の余地がない。実際のところ、われわれが嫌というほど思い知らされたのは、「日本は政治は二流以下だが、経済は一流」という定説（これは次節に述べる「戦後日本」の物語の一部である）が干からびた神話にすぎなかった、ということではなかったか？ 実に、この国の経済界を代表する人物は、建屋が吹き飛ぶ爆発が次々と生じているのを目にしながら、「千年に一度の津波に耐えているのは素晴らしいこと。原子力行政はもっと胸を張るべきだ」[16]と言ったのである。それはあたかも、「愚かさ」という観念が物質に結晶し生命を得て物を言っているかのごとき光景であった。この国の産業がかかる人物によって代表され、指導されていること、その下でわれわれは働き、日々の糧を得なければならないという事実、このことは重大な「侮辱」のひとつである。

「無責任」の深淵

〈日本的無責任〉あるいは〈無責任の体系〉といった言葉は、口に出してしまえばシンプルである。だが、われわれはその「無責任」の深淵を見た。

われわれのうちの多くが、「あの戦争」に突っ込んでいったかつての日本の姿に現在を重ね合わせてみたことだろう。大言壮語、「不都合な真実」の隠蔽、根拠なき楽観、自己保身、阿諛《あゆ》追従《ついしょう》、批判的合理精神の欠如、権威と「空気」への盲従、そして何よりも、他者に対して平然と究極の犠牲を強要しておきながらその落とし前をつけない、いや正確には、落とし前をつけなければならないという感覚がそもそも不在である、というメンタリティ……。これらはいまから約七〇年前、三〇〇万にのぼる国民の生命を奪った。しかもそれは、権力を持つ者たち個人の資質に帰せられる問題ではなかった。つまり、偶然的なものではなかった。戦争終結直後、丸山眞男は、東京裁判において「別にそれを望んだわけではなくどちらかと言うと内心反対していたのだが、何となく戦争に入っていかざるを得なくなったのだ」としか証言できない戦争指導者たちの言動を見ながら、満身の怒りをもって「「体制」そのもののデカダンス」[17]を指摘した。原発事故以後、私は、とうの昔に読んで知っているはずの丸山の日本ファシズム分析を読み返して、それが恐ろしいまでの現実感を伴って迫ってくることを認めないわけにはいかなかった。笠井潔は、太平洋戦争の経緯を概括した上で次のように述べている。

一目瞭然といわざるをえないのは、戦争指導層の妄想的な自己過信と空想的な判断、裏づけのない希望的観測、無責任な不決断と混迷、その場しのぎの泥縄式方針の乱発、などなどだろう。これらのすべてが、二〇一一年の福島原発事故で克明に再現されている。[18]

まさしくその通りであるが、もっと言えば、「これらのすべて」は、再現されただけでなく、それが事故そのものを準備した張本人である。原子力政策をめぐって政府・東京電力と対立した末、冤罪《えんざい》（国策捜査）の疑いの強い収賄事件の追及によって職を追われることとなった元福島県知事の佐藤栄佐久は、事故発生の二年前に次のように述べていた。

［二〇〇五年］一〇月一一日に開かれた国の原子力委員会で「原子力政策大綱」が了承され、一四日の閣議で国の原子力政策として決定されることとなった。

もちろん、福島県が提出した意見はまったく反映されていない。国民の意見を形式的に聞いてこれまでの路線を強引に推進する。まさに日本の原子力行政の体質そのものの決定の仕方である。

しかし、この大綱を決めた原子力委員並びに策定会議委員一人ひとりに、この核燃料サイクル計画が本当にうまく行くと思っているのかと問えば、実は誰も高速増殖炉がちゃんと稼働するとは思っていないだろうし、六ケ所村の再処理施設を稼働して生産されるプルトニウムは、プルサーマル程度では使い切ることはできないと思っているであろう。使用済み核廃棄物の処分方法について具体案を持っている人もいないのである。

しかし、責任者の顔が見えず、誰も責任を取らない日本型社会の中で、お互いの顔を見合わせながら、レミングのように破局に向かって全力で走りきる決意でも固めたように思える。つい六〇年ほど前、大義も勝ち目もない戦争に突き進んでいったように。私が「日本病」と呼ぶゆえんだ。[19]

この佐藤の言葉は、ほとんど不気味なまでに正確な予言となった。「破局」はわずか二年後に訪れたのである。今次の原子力事故が何にもましてやりきれないのは、その被害がどのようなものになるのか予測困難であるためだけでなく、われわれがその一員である社会の根本的性質の必然的帰結として生じたゆえにである。あの戦争のなかであまりに多くの人々が「侮辱」のなかで死へと追い込まれていった。そしていまわれわれは、その「侮辱」の体制がほとんど無傷のまま眼前に聳《そび》え立っている様を目撃している。それはすなわち、あの死者たちは全くの犬死状態に捨て置かれているということでもある。それゆえ、この「侮辱」の体制に対する戦いは、単にわれわれが生き延びるための戦いなのではない。それは、あの死者たちのための戦いでもあるのだ。

「戦後」にとっての原子力事故の意味

福島原発事故のさらなる歴史的意味は、それが「平和と繁栄」としての「戦後」を支えてきた日本のハイテクノロジーに対する自負をズタズタに引き裂いたこと、そして、国土に取り返しのつかないほどの傷が与えられたことにより、原発の建設によって象徴される成長至上主義による国土開発のあり方が根本的な疑義にさらされるべき状況に直面したことからも、汲み取られなければならないであろう。福島県浜通りに限らず、原子力施設の受け入れ地域の多くが、殊にオイル・ショック以降高度成長が終わった時点で別の開発成長モデルを見つけ出すことができずに、それらを誘致したという経緯を持っている。石油コンビナート建設計画が頓挫した用地に次々と原子力施設が建てられた青森県むつ小川原《おがわら》は、その典型である。[20] 実に四〇年もの長きにわたって、成長のあり方を変更しなければならないということがわかっていつつも、代替策を見出すことができないまま、実質的に差別的な中央と周辺の構造を維持し続けてきてしまったことを、われわれは思い知らされている。

ゆえに、われわれの大部分が「侮辱」の被害者であると同時に加害者でもある。われわれの出発点は、この認識であらねばならない。

第二節 「戦後」の終わり

こうした戦慄を催させる情勢のなかで、私には疑うことのできない確信がある。それは、「戦後」というあまりに長く続いてきた歴史の区切り、ひとつの時代が確かに終わった、という確信である。別の言い方をするならば、あの地震・津波と事故は、「パンドラの箱」を開けてしまった。「戦後」という箱を。それは直接的には、「平和と繁栄」の時代が完全に終わったことを意味し、その逆の「戦争と衰退」の時代の幕開けを意味せざるを得ないであろう。それは同時に、これまでの「戦後」を総括する基本的な物語(=「平和と繁栄」)に対する根源的な見直しを迫るものとなる。なぜなら、いまわれわれが目にしているものが全般的な腐敗であり、そこから必然的に生じてくる「戦争と衰退」の始まりであるとすれば、それらは皆、「平和と繁栄」の幸福な物語のなかから生まれてきたものにほかならないからである。驚異的な戦災復興と経済発展による脱貧困化と富裕化の幸福な物語によって隠されたかたちで、われわれは一体どのような社会構造・権力構造をつくりあげてしまった（あるいは、維持してしまった）のか。この問題を直視することを、われわれはいま迫られている。

ゆえにわれわれは、いまあらためて歴史に向き合わなければならない。それは、簡単に言えば、「戦後」＝「平和と繁栄」という物語を批判的に再検証しなければならないということであるが、より厳密には、この物語に内在的にはらまれていた「戦争と衰退」へと転化する可能性をはっきりと探り当てなければならない、ということである。なぜなら、すでに述べたように、外在的な（それこそ天災のような）偶発的事象によってわれわれは「侮辱」を甘受させられているわけではなく、永きにわたって準備され執拗に潜在してきたものが偶然的なきっかけを通して露呈しているという状況に、われわれは立ち会っているからである。

「戦後の終わり」を印すもの――「否認の構造」の限界

私が「戦後が終わった」ことを確信するのは、震災・原発事故以来、この国の権力・社会が急速に一種の「本音モード」に入っている、と感ずるからである。その最も端的な表れは、福島原発事故を受けてなされた原子力基本法の改正である。二〇一二年六月に制定された原子力規制委員会設置法の第一条の文面に合わせるかたちで、原子力基本法の第二条の文面が以下のようなものとなった。

　原子力利用は、平和の目的に限り、安全の確保を旨として、民主的な運営の下に、自主的にこれを行うものとし、その成果を公開し、進んで国際協力に資するものとする。

二　前項の安全の確保については、確立された国際的な基準を踏まえ、国民の生命、健康及び財産の保護、環境の保全並びに我が国の安全保障に資することを目的として、行うものとする。

　問題視されているのは、今次追加された第二項における「我が国の安全保障に資すること」という文面である。これは核技術の軍事利用に道を開くものであるという国内外からの懸念の声に対応して、政府関係者ならびに御用政論家たちは、第一項における「平和利用」の大原則は堅持されていることを強調し、ある者は懸念を示した報道について「ほとんど誤報といってよいぐらいのレベル」[21]とまで述べている。ここにあるのは無知ゆえの誤解なのか、それとも欺瞞《ぎまん》的な詭弁なのか？

答えは間違いなく後者である。「安全保障」の文句の挿入が核武装（少なくともその潜在力の養成）を志向してきた自民党によって主導されたという成立事情もさることながら、純粋な文面の水準においてだけでも、これは戦後最大のタブーへの突破口を明確に開くものにほかならない。第一に、原子力＝核技術が安全保障に関わるとすれば、常識的な見地から言って、それが核兵器の開発や装備を意味することはあまりに明瞭な道理である。第二にそのとき、果たして「平和の目的に限り」という文面は絶対的なブレーキとして機能しうるであろうか？　それは高度に政治的な問題であり純粋法理的に答えられる問題でないことは明らかであるものの、端的に言って、「平和の目的に限り」という文面と「安全保障」（＝核武装）との間に大きな矛盾はない。というのも、核武装を実行するとき、その正当化のための理由づけとして「気に食わない他国民を皆殺しにするため」と宣言する国家など、世界中のどこにもない。その理由は必ず、他国の脅威に対して自国を守り、核武装することによってかえって核戦争を避けることができるがゆえに核武装に踏み切るのだ、という論理に求められる。すなわち、諸国は建前として「平和のためにこそ核武装する」のであり、この理屈を正当化してくれる議論は「相互確証破壊」や「恐怖の均衡[22]」といったかたちで長年にわたって蓄積されている。してみれば、「原子力の憲法」に「安全保障」の四文字が書き入れられたいま、日本の核武装を国内法の次元で禁ずる根拠は失われたと見なければならない[23]（ただし、公然と核武装に踏み切ることは、NPTレジームからの離脱、IAEAからの脱退を意味するものであるから、現実的にはきわめてハードルが高いことを指摘しておきたい）。

いまこのようにして現れてきた核兵器をめぐる事態は、少しも驚くべきものではない。それは、「非核三原則」の下で実際には沖縄に米軍による核兵器持ち込みがなされていたことが驚くべきことではないのと本質的に同じことである。沖縄の核についての密約の存在が公に認められたとき（二〇一〇年）、われわれのうちの一体誰が、そのようなことは「想像だにできなかった」と言えようか。それは、実際誰もが「薄々知っていた」ことが公式に認められたにすぎなかった。その証拠に、いくつかの段階を経て密約の存在を政府が認めるに至ったとき、それはほとんど何の衝撃をも社会に与えなかった。あまつさえ、非核三原則の生みの親でありノーベル平和賞を授与された佐藤栄作が、西ドイツに核兵器開発についての秘密協議を持ち掛けたことも明らかにされており[24]、こうした経緯を経て、一九六九年の外務省機密文書「わが国の外交政策大綱」には「核兵器については、NPTに参加すると否とにかかわらず、当面核兵器は保有しない政策をとるが、核兵器製造の経済的・技術的ポテンシャルは常に保持するとともにこれに対する掣肘をうけないよう配慮する」と記されていたことも、われわれはすでに知っている。かくして、戦後日本の権力の主流の「本音」がいかなるものであったかは、自明の事柄に属する。仮にここに驚くべきことがあるとすれば、それは、「平和憲法と非核三原則を掲げた世界唯一の被爆国」においてこれらの出来事が生じていることにわれわれが本当は気づいていたこと、そしてその無意識的な認識を否認し続けてきたことである。

今日の日本社会が「本音モード」に入ってきたとは、こうした「否認の構造」が急速に崩壊しつつあることを指している。社会は、「本当は知っていたけれども建前上口に出すのを憚《はばか》ってきた本当のこと」を次々と語り出している。それはある意味で当然のことではある。原発事故を契機としてこの国の社会・権力の地金《じがね》がはっきりと露呈してしまった以上、いまや曖昧なかたちで隠されたままにとどめられるべき事柄など存在しない。それは、卑劣漢であることがバレた卑劣漢が卑劣な振る舞いを躊躇《ためら》う理由はないのと同じことだ。

そして、「否認の構造」の崩壊は、核兵器をめぐる問題に限定された現象ではない。日本を取り巻く国際的情勢の緊迫（それに対する日本社会の反応）もまた、「否認の構造」がもはや限界に突きあたったことを示している。

ひとつには、日米関係の本質のあからさまな露呈である。この間、TPP（環太平洋パートナーシップ）協定問題を中心として、米国政府の政策と日本国民（の大部分）の利害の衝突を隠す術はもはやどこにも見つからなくなったように思われる。情勢がより一層緊迫しているのは、無論沖縄である。MV22オスプレイの沖縄配備をめぐって二〇一二年七月一日になされた仲井眞弘多沖縄県知事（当時）の「配備を強行したら、全基地即時閉鎖という動きに行かざるを得ない」[25]との発言は、沖縄における保革の対立構造――すなわち、基地を容認する保守勢力と拒絶する革新勢力との対立――の歴史（そこにおける仲井眞知事の立ち位置）を踏まえるならば、衝撃的なものである。さらには、二〇一二年一二月の衆議院選挙において、自民党沖縄県連は普天間基地の県外移設を公約として選挙を戦った。これはつまり、沖縄の諸政治勢力のなかで米軍基地の存在に対して最も「理解ある」勢力すらも、「県外移設」を掲げざるを得なくなっている、ということである[26]。鳩山政権当時、普天間基地県外移設のプランはおよそ夢物語にすぎぬものとして本土の人間の大部分には受け止められていた。しかし、いまや夢想に耽《ふけ》っているのは本土の側である。本土人の多くが、沖縄の人々の怒りがここまで高まっているということについて、実感を欠いている。だがそれは、果たして沖縄の置かれている状況があまりに特殊・例外的であるがゆえにであろうか？　そうではない。次節で述べるように、いまの沖縄の姿は、鏡に映った日本のマジョリティの「本当の」姿にほかならない。

もうひとつには、米国以外の近隣諸国との関係改善・親密化が進むどころか、相互不信の継続とそれが高まってすらいるという現況を挙げなければならない。その代表的事例は、石原慎太郎東京都知事（当時）による尖閣諸島購入宣言をきっかけとした騒動である。近代主権国家にとって、領土問題は決定的な問題である。不毛の砂漠や無人の草原に引かれる一本の線の位置をめぐって、国家は人々に血を流すよう実際強いてきた。第二章において取り上げるが、日本は三つの領土問題（尖閣諸島・北方領土・竹島）を事実上抱えている。そのうち、尖閣諸島問題が最も緊迫したものであると目せられようが、それが意味するのは、この島々をめぐって両国が実際に戦火を交える可能性が十分にある（蓋然性がそれなりの高さで存在する）、ということだ。いま述べたように、国家にとって領土問題は譲歩することがきわめて困難な問題であり、ましてや尖閣諸島に関しては付近海域での天然資源の埋蔵という実利も見込まれている。不毛の地をめぐってすら国家は戦争をしてきたという歴史的事実に照らしてみれば、戦争の可能性を否定することはできようもない。

そして明らかに、こうした対外的問題の二側面(対米関係と他の近隣諸国との関係)は密接につながっている。問題の本質は突き詰めれば常に、「対米従属」という構造に行き着く。アジア諸国(ロシアを含む)に対する排外的ナショナリズムの主張は、意識的にせよそうでないにせよ、日本に駐留する米国の軍事力の圧倒的なプレゼンスのもとで可能になっている。日本が「東洋の孤児」であり続けても一向にかまわないという甘えきった意識が深ければ深いほど、それだけ庇護者としての米国との関係は密接でなければならず、そのために果てはどのような不条理な要求であっても米国の言い分とあれば呑まなければならない、という結論が論理必然的に出てくる。かくして、対米従属がアジアでの孤立を昂進させ、アジアでの孤立が対米従属を強化するという循環がここに現れる。また、こうした構造から、愛国主義を標榜する右派が「親米右翼」や「親米保守」を名乗るという、言い換えれば、外国の力によってナショナリズムの根幹的アイデンティティを支えるというきわめてグロテスクな構造が定着してきた。

しかし、二〇〇八年を境に表面化した世界的経済危機は、日米間の従属の構造を再編し、互恵的なものから収奪の構造へと改変しつつある。さらに言えば、こうした傾向は、一九八〇年代から徐々に姿を現してきたものであり、それは冷戦構造の崩壊という大局的文脈を踏まえるならば、必当然的な事態であるにすぎない。

「戦後」の本質

してみれば、問題は、なぜわれわれがこうした事柄を自明のこととして認識できていない（＝否認している）のか、というところにある。精神分析学の知見によれば、問題の根源への遡行が首尾よく果たされたとき、問題は解消する。われわれの置かれている状況が歴史の産物である以上、われわれが遡行すべき対象は、歴史そのものと歴史を認識する際の前提となるそれ自体歴史的な枠組みである。そして、その歴史認識上の枠組みこそが、「戦後」という概念である。「われわれの生きている時代は《戦後》である」というわれわれの歴史感覚が、その「平和と繁栄」を基調とする物語の枠組みが、「否認の構造」を成り立たしめてきた。

それでは、いまあらためて問うならば、「戦後」とは一体何であるのか。米国の日本研究家のキャロル・グラックは次のように述べている。

現在の日本は、民主主義も、平和も、繁栄も、すべて「戦後」にその起源をもち、真正さを負っている。戦後にしがみつくことは、すなわち現状への満足の表現であった。長く改憲を推し進めることを政治的にむずかしくしてきた憲法にたいする広範な支持についても、おなじことがいえよう。多くの日本人が「平和憲法」を経済的繁栄に結びつけて考えており、自分たちの生きる時代を名目上「戦後」と呼ぶことに不満がなかったからである。[27]

この文章が原書として書かれたのは一九九三年のことであるが、良くも悪くも時代が変わったことを実感せざるを得ない。この二〇年の間に、民主主義の虚構は暴かれ、平和は軍事的危機へと向かいつつあり、経済的繁栄は失われた。もはやしがみつくべき「戦後」はどこにも見当たらず、満足すべき現状などどこにも存在しない。そして、繰り返し述べてきたように、いま露呈している全般的腐敗は、「民主主義・平和・繁栄」の物語の只中で形づくられてきたものにほかならない。とすれば、われわれの抱いてきた「戦後」観に根本的な誤りがあったことをわれわれは認めなければならない。

振り返ってみれば、「バブル経済の崩壊以降閉塞する日本社会は……」といった風な語り口はすでにここ一〇年以上にわたって決まり文句となっていた。多くの場合、それは要するに、経済成長がほとんどゼロとなっていることを指している。その際、かかる停滞をもたらしている要因として、グローバル化への適応不全・イノベーションの不在、果ては日本人の「島国根性／内向き志向」といった相当にいかがわしい文化本質主義的な説明が適当にあてがわれてきた（今日最も有力になったストーリーは日銀の金融政策の失敗という話であり、この理屈に従って、いわゆるアベノミクスの金融緩和による「デフレからの脱却」政策が実行に移された）。

しかし、三・一一、特に原発事故をめぐる諸問題・情勢があぶり出したのは、われわれの社会がその奥底に抱えている問題（それは、ここ二〇年にわたって陥っている閉塞・停滞状態の根本原因ともつながっている）の深さがこの程度のものでは断じてなく、また、文化本質主義に基づくあやふやな概念によって説明できるものでもない、ということにほかならなかった。事故をきっかけとしてはっきりと姿を現したのは、「有司専制」と形容すべき腐敗した政治的権力構造、そして、かつてそれを支え近隣諸国に惨禍をもたらし全国民を破滅の瀬戸際に追い込む（＝大東亜戦争）手助けをしてしまったことへの反省の上に立っているはずの市民社会の諸機関（大学・マスメディア等）を、いまもなお呪縛している「封建遺制」であった。

歴史の支配と現実の支配

以上から、本書が取り組むのは、「戦後」を認識の上で終わらせることである。「ミネルヴァのフクロウは夕暮れ時に飛び立つ」（ヘーゲル）[28]。このテーゼを一歩先へと推し進めるならば、対象の認識が全きものとなる（ミネルヴァのフクロウが飛び立つ）とき、その対象はその本質を見透かされた蛻《もぬけ》の殻となり終わりへと差し向けられる（夕暮れ時が訪れる）こととなる、と言える。われわれは、「戦後」の概念を底の底まで見通すことによって、それを終わらせなければならない歴史的瞬間に立っている。

しかし、――と人は言うかもしれない――人々の歴史意識や歴史的感覚を問い直しそれを刷新することに、いかほどの現実的な意味があるのか、と。それは、いま露《あらわ》になっている腐敗した構造を現実に変えてゆくという事業にいかほどの貢献を期待できるのか、と。私の考えでは、われわれの歴史認識の枠組みを変革することは、現実の変革にとってきわめて重大な事柄である。

例えば、ソヴィエト連邦がペレストロイカから体制崩壊へと向かう過程において、人々の歴史認識の変化は非常に重要な役割を果たした。当時長期にわたってソ連に暮らし広範な取材活動を行なっていた米国人ジャーナリストであるデイヴィッド・レムニックによれば、体制の根本的正統性を揺るがせ、最終的な崩壊へと方向づけたのはペレストロイカ政策（立て直し・資本主義経済の部分的導入）よりもグラスノスチ政策（情報公開）であったという。グラスノスチは、歴史的事実、特にスターリン政権下で行なわれた抑圧と残虐行為についての調査と情報公開を含んでいた。「ゴルバチョフのためらいにもかかわらず、歴史に関する記憶の回帰は、彼が下した他のすべての決定に優る最も重要な決定となる。それというのは、過去についての徹底した仮借ない評価――殺害と抑圧と破産を認めること――を抜きにして、真の変革いわんや民主化改革は不可能だったのだから。個人生活と知的生活ならびに政治生活に歴史が取り戻されたことは、（中略）ゴルバチョフが望むと望むまいと、地球上最後の帝国の崩壊の序曲であった[29]」。

無論ゴルバチョフは、ペレストロイカによってソ連を立て直そうとしたのであって、崩壊させようなどという意図は毛頭なかった。しかしながら、党が記憶と歴史に対する支配を失ってゆくにつれて、改革は制御不能の流れとなり、体制そのものの破壊運動へと転化してゆく。記憶と歴史はまさに「パンドラの箱」であった。人々が自らの属する人間集団・国家の歴史について、「薄々感づいてはいたが公には認めることのできなかったこと」を正面から認めざるを得なくなったとき、社会の全機構は巨大な犯罪にほかならぬものとして現れた。このことが、ソ連という体制が最終的にほぼすべての成員から見捨てられ瓦解するに至る重要な伏線となる。

この過程からわれわれが知ることができるのは次のような事実である。すなわち、日々の日常生活における不満が高まったところで、それ自体が時の体制を根本から否定する流れをつくり出すわけでは必ずしもない。現に、ソ連以上の圧政を行ないながら存続している体制は世界にいくつもある。人間がどれほどの圧政に耐えることができるのか、その客観的限度は発見されていない。しかし他方で明らかであるのは、日常生活において人々が直面する抑圧、そして侮辱が、その社会が歴史的にたどってきた軌道から生ずる必然的な産物として把握されるとき、その社会体制は我慢することのできない全般的な犯罪として、その存在そのものが耐え忍ぶに値しないものとして現れる、ということだ。実に、支配体制の歴史と記憶に対する支配の実効性と、現実的支配の実効性の度合いは、正比例の関係にある。

無論、言論が端的に統制されていたソ連邦の状況と戦後日本の状況は異なる。しかしながら、こうした差異は両体制の共通点が皆無であることを意味するわけではない。政治史に関わる公文書の公開が全くもって不十分であること、外国の情報公開によってすでに明らかにされた「不都合な真実」を平然と無視するこの国の官僚機構のあり方をわれわれは嫌というほど目にしている。[30]ソ連と日本を比較する際には、その差異よりも共通点を重点的に意識させられる機会のほうがいまや多いのである。

　ただし、より根本的には、両体制の「歴史への支配」における差異は、検閲の方法による差異である。ソ連型社会主義体制においては、巨大な官僚機構を用いて中央集権的に「上から」検閲が行なわれていたのに対し、自由主義体制においては生産・流通される情報がメジャーなものとマイナーなものに「自然に」分類されることによって、支配的な物語が形成される。この過程において、マイナーな情報は事実上存在しないも同然のものとなり、結果として検閲が行なわれたのと同様の社会的効果がもたらされる。この一見「自然な」過程を具体的に担うのはエリート機構とプロパガンダ諸機関であるが、その機能はソ連的体制に比してはるかに柔軟に作用するのであるから、自由主義体制における支配的権力は精巧で強力である。

　私は歴史学者ではないから、本書において新しい歴史的事実の提示を行なうわけではない。その代わりに私は、われわれが歴史を認識する際の概念的枠組み、すなわち「戦後」という概念の吟味と内容変更を提案する。震災以後、疑いなくわれわれは、「戦後の終焉《しゅうえん》」に立ち会っているが、天変地異がひとつの時代を自動的に終わらせるわけではない。かくも長きにわたってわれわれの認識と感覚を拘束してきたという意味で「戦後」とはひとつの牢獄であったのだとすれば、それを破るには、自覚的で知的な努力が必要とされる。そしてそれが果たされるとき、われわれはこの国の現実において何を否定し、何を拒否しなければならないのかについて、明確なヴィジョンを得ることになるであろう。

そしてすでに、こうした「歴史の牢獄」への不満、歴史を認識する枠組みの変更への要求は、かつてない仕方でこの社会に広まりつつある。それを物語るのが、例えば、孫崎享の著書『戦後史の正体』が二〇万部を軽く超えるベストセラーになっているという現象である。戦後の主要保守政治家を対米自立派と従属派に分類し、米国との関係において強烈な圧力を受ける前者がことごとく潰され、卑屈な後者が米国の助けによってのさばってきたと論ずる同書の歴史観については、あまりに陰謀史観的であるといった批判や、大衆運動に対する著者の根深い不信感がある（一九六〇年の安保闘争についての記述をめぐって）といった指摘も語られている。こうした批判の妥当性について論じるのは本書の意図するところではない。本書の試みにとって重要なのは、「戦後」というわれわれの歴史感覚・現実に対する感覚を強力に規定する時代区分への見方を根本的に変更したい、変更しなければならない、という気運の強烈な高まりを、このベストセラー現象が物語っていることである。また角度を変えて言えば、それは、これまでの体制の歴史に対する支配力が失われつつあるということにほかならない。そして、歴史に対する支配を失った権力は、現実に対する支配をも遠からず失う運命にある。

第三節 永続敗戦

さて、これまで「戦後」という歴史の枠組みに対する批判や否定を積極的に試みてきたのは主として右派勢力であった。例えば、一九八二年に政権の座に就いた中曽根康弘は「戦後政治の総決算」を標榜し、二〇〇六年に成立した安倍晋三政権（第一次）は「戦後レジームからの脱却」を唱えた。また、一般的に「戦後民主主義」への批判・不満を語り続けてきたのは、新左翼を除けば保守を標榜する勢力である。一見奇妙と言わざるを得ないのは、戦後日本においてほぼ一貫して保守勢力が支配的立場を維持してきたにもかかわらず、「戦後を終わらせる」試みは成功しなかった（つまりは失敗してきた）、という事実である。そうでなければ、中曽根政権成立から二四年も経った年に成立した政権が「戦後レジームからの脱却」を掲げる必要性はなかったはずだ。

無論、戦後日本の象徴たる憲法第九条に対する解釈改憲、事実上の海外派兵（イラク戦争）といったかたちで、歴代保守政権は「戦後レジーム」の実質的変更を進めてきた。しかし、それにもかかわらず、「戦後」という歴史区分がいまに至るまで継続することを彼らは許容してきた。否むしろ、後に見るように、この歴史区分を継続させることによってのみ、日本の保守勢力は「戦後の総決算」云々といった観念を弄ぶことを許されてきたのであって、それゆえ保守勢力による権力の独占は、「戦後を終わらせる」どころか「戦後」の際限なき継続を必当然的にもたらした。言い換えれば、「戦後を終わらせる」という意思の表明は、それを実行しないことによってのみ可能であった、という逆説がここには横たわっている。

「敗戦」の隠蔽

このようなものとして維持されてきた「戦後」とは、端的に言って何であるのか？　それは、「戦後」の始まりがどのような言葉によって認識されているのかを考えてみれば、最も容易に知ることができる。「戦後」の始まりたる八月一五日は何の日であるのか？　この日は一般的に「終戦記念日」と呼ばれている。しかし、当然、戦争が自然に「終わった」わけではない。大日本帝国がポツダム宣言を受諾することで、戦争は日本の敗北によって終わった。にもかかわらず、この日は戦争の「終わった」日として認識されている。ここにすべてがある。純然たる「敗戦」を「終戦」と呼び換えるという欺瞞によって戦後日本のレジームの根本が成り立っていると言っても過言ではない。

この欺瞞に基づく虚構が明らかな綻《ほころ》びを見せる過程に突入したきっかけのひとつは、二〇〇九年に生じた政権交代であった。当初有権者の圧倒的な支持を受けて成立した鳩山由紀夫民主党政権は、普天間基地移設問題において事態を打開できず、わずか九ヵ月で退陣に追い込まれる。この出来事を「米国の圧力によって鳩山内閣は倒れた」と表現したとしても、それは陰謀論にはあたらない。大局的な構図から見れば、生じたのは、首相が基地の県外移設という「沖縄の意思」を尊重しようとしたものの、その不可能性にぶち当たって――米国との約束は破れない――挫折した、という事態にほかならないからである。

想起されるべきは、退陣劇の過程で話題を独占したのが首相の政治手法の巧拙という水準の問題であったことだ。確かに、「最低でも県外」と当初は宣言しながら、最終的には「沖縄に米軍基地があることによる抑止力の重要性に思い至った」という迷言を発することになった鳩山の迷走ぶりは、非難に値する。しかし、こうした政治家個人の手腕の拙劣さに議論を収斂《しゅうれん》させることは、問題の著しい矮小化以外の何物でもなかった。退陣劇を通して露呈したのは、この国においては選挙による国民の支持を大部分取り付けている首相であっても、「国民の要望」と「米国の要望」とのどちらかを取り、どちらかを捨てなければならないという二者択一を迫られた場合、後者を取らざるを得ない、という客観的な構造にほかならない。「首相の政治手法云々」という話題は、この客観的構造を見ないための格好の手段として機能した。ここに「敗戦」を「終戦」へと呼び換える際に作用しているのと同じ欲望が作用しているのを見て取るのは、むずかしいことではない[31]。

一般的に言って、二〇〇九年の政権交代に何らかの意義があったとすれば、鳩山内閣退陣から菅政権・野田政権へと至る流れが、右に述べた「客観的構造」をはっきりと露呈させ、ひいては日本の「戦後民主主義」なるものの根本的存立構造を赤裸々に明るみに出した、というところに求められるのかもしれない。日本は議会制民主主義国家の体裁をとっており、したがって政権交代は何時でも(理論的には)可能である。しかし、明らかになったのは、この政権交代は実質的に政権交代ではない限りにおいて許容されうるものである、ということにほかならない。

これは驚くべき事柄であろうか？ 断じてそうではない。かかる政治のあり方は、戦後の東アジアにおける親米諸国（韓国、台湾など）の政治史と比較するならば、何ら異様なものではない。これらの諸国では、権威主義的で暴力的な反共政権が長きにわたって統治を行なった――韓国で議会制民主主義が根づくのは一九八〇年代末であり、台湾で一党独裁が終わったのは一九九六年のことである――が、それは、それらの地域が冷戦構造における真の最前線であったがゆえに、政治権力・体制にデモクラシーの外皮を纏《まと》わせる余裕など、いささかも存在しなかったからである。つまり、明らかになったのは次のような真実である。すなわち、戦後日本においてデモクラシーの外皮を身に纏う政体がとにもかくにも成立可能であった（特に、五五年体制においては親共産主義勢力が国会における不動の第二勢力を占めた）のは、日本が冷戦の真の最前線ではなかったために、少々の「デモクラシーごっこ」を享受させるに足るだけの地政学的余裕が生じたからにほかならない。この構図にあてはまらない、言い換えれば、戦略的重要性から冷戦の真の最前線として位置づけられたのが沖縄であり、ゆえにかの地では暴力的支配が返還以前はもちろん返還後も日常的に横行してきた。日本の本土から見ると沖縄のあり方は特殊で例外的なものに映るが、東アジアの親米諸国一般という観点からすれば、日本の本土こそ特殊であり、沖縄のケースこそ一般性を体現するものにほかならない。

こうした図式に実感が湧かないのであれば、仮に朝鮮戦争において北側が完全勝利を収めていたとすれば、戦後日本はいかなる国家体制をとることが必然化したであろうか、ということを想像してみればよい。その場合には、日本の本土が享受してきた「地政学的余裕」は一切消滅し、本土が冷戦の本当の最前線に位置づけられることとなる。そのときには、吉田茂の主導した軽武装路線は到底維持し得なかったであろう。仮にそうなった場合、いまだ貧しく戦争の記憶も鮮明な時代に、ミリタリズムを復活させることや議会制民主主義を破壊することは、大規模な抵抗を生じさせたに違いない。しかし、冷戦構造下、殊にデタント（緊張緩和）の動きが生ずる以前の時代において、日本の政体にデモクラシーの外皮を纏わせることと、容共ないし親共勢力が合法的に政権を獲得する可能性を排除することと、そのどちらが米国の政策にとって上位を占めたことだろうか。答えは自ずと明らかであるように思われる。あらゆる抵抗を踏み潰して、軍事独裁化路線が貫徹されたとしても、何ら不思議はない。

東アジア政治史研究者のブルース・カミングスは、「朝鮮半島がすべて共産化したと仮定した場合には、日本の戦後民主主義が生きつづけられたかどうかも疑わしい」[32]と述べているが、これこそ、われわれが見ないで済ませようとしてきた（そして、沖縄にだけは直視させてきた）事柄にほかならない。そして、われわれがそれを見ようとしようがしまいが、一般的な権力構造は現実に存在する。ゆえに、日本の政治が「デモクラシーごっこ」の領分を超えるかのごとき動きを見せたとき、一般的な権力の布置がいかなるものであるのかが、あらためて周知されたのである。

カミングスは、先に引いた言葉に隣接した箇所において、朝鮮戦争以後の東アジアの状況に関して次のように述べている。

朝鮮戦争が終わってみると、台湾と韓国は、それぞれ約六〇万人の兵員を擁し、軍人対民間人の比率では世界のトップクラスに位置するほど、途方もなく膨れ上がった軍事組織をかかえてしまっていた。いずれも、国家体制としては巨大な治安・諜報機関をかかえる独裁国家であった。こうした大規模な軍事・治安組織は、主導権を握る「壮大な領域」(grand area) を防衛するための外辺部防衛隊としての機能を担うとともに、その強大な治安維持能力を発揮して労働運動や左翼を鎮圧した。この意味で、台湾と韓国の高圧的弾圧装置は、暴力装置を欠き国家としては不完全な日本国家をして、アメリカの庇護の下で東北アジア地域という枠組みのなかで完全な国家たらしめる、という機能を担っていたのである。

すなわち、日本の国家構造は、かたちの上ではかつてのような強力な軍事・国内治安装置を奪われたが、そうした装置はそれらがまさに必要とされた国外の近隣地域で再生され、アメリカの費用負担によって維持されたのである。[33]

日本における政権交代から現在に至る顚末《てんまつ》を経験したいま、カミングスの描く大局的な見取り図に正当性があることを否定する術はない。戦後のある時期までの台湾や韓国の政治体制の抑圧性は、言ってみれば、日本において「デモクラシーごっこ」が成り立つための条件であった。ここに浮かび上がるのは、敗戦による罰を二重三重に逃れてきた戦後日本の姿である。実行されなかった本土決戦、第一次世界大戦におけるドイツに対する戦後処理の失敗の反省の上に立った寛大な賠償、一部の軍部指導者に限られた戦争責任追及、比較的速やかな経済再建とそれに引き続いた驚異的な成長、かつての植民地諸国に暴力的政治体制の役回りを引き受けさせた上でのデモクラシー、沖縄の要塞化、そして「国体の護持」……。冷戦構造という最も大局的な構図に規定されることによって、これらすべての要素が、「日本は第二次世界大戦の敗戦国である」という単純な事実を覆い隠してきた。

こうした指摘は、日本は敗戦国であるがゆえに、日本人は第二次大戦がアジア太平洋地域にもたらした惨禍に対してすべての責任があることを自覚し、反省しなければならない、といった主張とは異なる。現実的および形而上的責任の議論とは別次元の問題として、徹底的に政治的な命題として、「敗戦国である」という事実が存在する。これは単なる事実であるがゆえに、経済的成功による国民的満足感の醸成や真摯な悔恨と反省に基づく不戦の誓いといった主観的次元によっては、何ら動かすことができない。この事実を動かす方法があるとすれば、もう一度戦争を行なって勝利する以外に道はない。これは政治史的な事実であり、倫理や規範的立場といった主体性の問題とは次元を異にする事柄である。この事実が踏まえられていない間は、戦争と植民地支配の責任をめぐるより高次の議論（ならびに、それへの反発）は、空転を運命づけられるほかない。

『敗戦後論』論争の意味

「戦後」を「敗戦後」としてとらえることにこだわった議論を戦後五〇年にあたる一九九五年に展開したのが、加藤典洋であった（『敗戦後論』）。加藤の議論は、戦後レジーム（特に理想主義を前面に打ち出した平和憲法）が端的な力（戦勝国のパワー・ポリティクス）を背景にして強制的に与えられたという事情に、戦後日本が抱え込んだ「ねじれ」の根源を見る。加藤の見るところ、戦前の価値観に対する批判を踏まえない改憲派は論外であるにせよ、いわゆる護憲派もこの「ねじれ」を直視してこなかったがゆえに、「現実を直視したものではなかった」[34]、という。この「ねじれ」を乗り越えるために加藤が提案するのは、もともとは押しつけられた平和憲法をわれわれのものとしてあらためて「選び直す」[35]——国民投票等によって——ことである。

絶対的な戦争放棄という崇高な理念が冷戦と天皇制の護持という文脈から生まれたことのはらむ問題を、護憲派の多くが——意図的か否かにかかわらず——直視しようとしない傾向をあらためて批判的に問題化したことにおいて、加藤の問題提起は意義を持っている。しかし、発表当時、加藤の問題提起のうちで殊更注目を浴び、論争の的となったのは、こうした「ねじれ」を超克する主体を立ち上げる、という議論のほうであった。そしてその際、「日本の三百万人の死者を悼むことを先に置いて、その哀悼をつうじてアジアの二千万の死者の哀悼、死者への謝罪にいたる道」をつくり出すという議論がもっぱら論争の中心となった。侵略行為の犠牲となった、日本にとっての〈他者としての死者〉に先んじて〈身内の死者〉を弔わねばならないと主張するものと読める加藤の理路は、結局のところ「想像の共同体」[36]（ベネディクト・アンダーソン）の論理に回帰することにほかならないではないか、という批判が高橋哲哉をはじめとする面々から寄せられることとなった。

私にとって興味深いのは、当時の論争の帰趨《きすう》そのものよりも、加藤の提起した前者の論点(平和憲法とパワー・ポリティクスの問題)が相対的に軽く受け流されたことである。例えば、『批評空間』で加藤の議論を主題として行なわれた座談会において、浅田彰は次のように発言している。平和憲法の起源はアメリカによる押しつけであるという歴史が隠蔽されてきたという議論に関して、「全然隠蔽されていませんよ。そういう議論は耳にタコができるほど聞かされてきた。だいたい加藤さんの議論はほとんど江藤淳が『一九四六年憲法――その拘束』(文春文庫)なんかで執拗に論じてきたことの単なる回りくどい言いかえでしょう」[37]、と切って捨てている。

しかし、こうした「その話はもう古い」式の処理が、正当なものであるとは私は思わない。なぜなら、すでに述べたように、江藤が先駆的に指摘した構造、すなわち、平和憲法をはじめとする普遍主義的で理想主義的な原則、言い換えれば、「リベラルでデモクラティックな」戦後レジームの総体が国際的な政治力学によって強制された――そうであるがゆえに、不都合ならば何時でもそれは外的な力によって無効化されうる――という構造が、いまなおこの国の権力構造と社会的意識の有り様を現実に規定しており、それがはらむ問題性が一層深刻なものとして露呈しているからである。

問題が解消されない限り、問題提起の根本もまた、古びることはできない。

ちなみに、占領期をめぐる江藤淳の議論は、戦後文学の謳歌した「自由」がGHQによる巨大な検閲体制に支えられていたことに対して、知識人たちが無自覚であったことに対する批判を出発点としているが、その先駆性と問題意識の鋭利さは、正当に評価されてしかるべきである。しかしその一方で、大日本帝国のポツダム宣言受諾が「無条件降伏」であるのか、それともあくまで「条件付きの降伏」であるのか、という江藤がこだわった論点は、無意味なスコラ学にすぎない。降伏の性格についての彼の議論は、総力戦とそれ以前の主権国家同士の戦争との差異に対する無理解に基づいている。これまでの対日占領史研究の蓄積が明らかにしてきたように、日本側支配層が降伏の性質をどのようなものとして認識していたにせよ、それとは無関係に、対日占領の方針は、日本の現状に対する現実的な判断、複雑な国際関係、そして米国側内部での権力闘争に媒介されて、決定されていた。要するに、「降伏の性質」に対する日本側からの解釈がそこに入り込む余地など存在しなかった。

第二次世界大戦後のドイツおよび日本の占領は、それまでのレジームの主体性に対する根本的な否定の上に遂行されたのであって、その意味で降伏は「無条件」的であるほかなかった。ここで言う「主体性の否定」とは、占領軍が大日本帝国の「封建遺制」を人道的見地から根底的かつ真摯に根絶しようとしたかどうかということとは無関係である。「封建遺制」は、占領と戦後の世界統治にとって有効である限りでは利用されたし、障害となる限りでは攻撃された。いずれの場合でも、第二次世界大戦が総力戦であったがゆえに、敗戦国の国家・社会の主体性を全面的に否定するものとして、占領政策は遂行されている。「主体性の否定」とは、言い換えれば、主権の否定である。

占領軍のこのような立場設定は、カール・シュミットの言う「正戦」——すなわち、対等な国家同士の単なる力のぶつかり合い（総力戦以前の無差別戦争）ではなく、道徳的に犯罪化された敵に対する戦い（総力戦）——におけるアクターという立場を典型的に示している。してみれば、日本は「ポツダム宣言に明示された諸条件を受け容れて、ともかくも主権を維持しつつ降伏したのである」[38]と主張する江藤の議論は、法理的正当性を仮に持つものであるとしても、結局のところ、「正戦」における敗北を否認するものにほかならない[39]。後に論ずるが、第二次世界大戦後に「主権」を維持し得たのは米国とソ連の二国だけであって、「主権の維持」という観念自体が妄想にすぎないのである。

永続敗戦

話を加藤典洋の議論に戻す。そこにおいて問題とされるべきはむしろ、加藤が「敗戦『後』論」という枠組みで問題を提起していることである。右に述べてきたように、今日表面化してきたのは、「敗戦」そのものが決して過ぎ去らないという事態、すなわち「敗戦後」など実際は存在しないという事実にほかならない。それは、二重の意味においてである。敗戦の帰結としての政治・経済・軍事的な意味での直接的な対米従属構造が永続化される一方で、敗戦そのものを認識において巧みに隠蔽する（＝それを否認する）という日本人の大部分の歴史認識・歴史的意識の構造が変化していない[40]、という意味で敗戦は二重化された構造をなしつつ継続している。無論、この二側面は相互を補完する関係にある。敗戦を否認しているがゆえに、際限のない対米従属を続けなければならず、深い対米従属を続けている限り、敗戦を否認し続けることができる。かかる状況を私は、「永続敗戦」と呼ぶ。

永続敗戦の構造は、「戦後」の根本レジームとなった。事あるごとに「戦後民主主義」に対する不平を言い立て戦前的価値観への共感を隠さない政治勢力が、「戦後を終わらせる」ことを実行しないという言行不一致を犯しながらも長きにわたり権力を独占することができたのは、このレジームが相当の安定性を築き上げることに成功したがゆえである。彼らの主観においては、大日本帝国は決して負けておらず（戦争は「終わった」のであって「負けた」のではない）、「神洲不敗」の神話は生きている。しかし、かかる「信念」は、究極的には、第二次大戦後の米国による対日処理の正当性と衝突せざるを得ない。それは、突き詰めれば、ポツダム宣言受諾を否定し、東京裁判を否定し、サンフランシスコ講和条約をも否定することとなる（もう一度対米開戦し、勝利せねばならない）。言うまでもなく、彼らはそのような筋の通った「蛮勇」を持ち合わせていない。ゆえに彼らは、国内およびアジアに対しては敗戦を否認してみせることによって自らの「信念」を満足させながら、自分たちの勢力を容認し支えてくれる米国に対しては卑屈な臣従を続ける、といういじましいマスターベーターと堕し、かつそのような自らの姿に満足を覚えてきた。敗戦を否認するがゆえに敗北が無期限に続く――それが「永続敗戦」という概念が指し示す状況である。

そして今日、このレジームはもはや維持不可能なものとなった。ひとつには、グローバル化のなかで「世界の工場」となって莫大な国力を蓄えつつある中国は、日本人のかかる「信念」が中国にとって看過できない害をなすのであれば、それを許容しはしないということ。そして第二には、一九七〇年代以降衰退傾向を押しとどめることのできない米国は、冷戦構造の崩壊以後、日本を無条件的同盟者とみなす理由を持たない、という事情が挙げられる。そのとき、米国にとっての日本は、援助すべき同盟者というよりも収奪の対象として現れる。だが、こうした客観的情勢にもかかわらず、「侮辱の体制」はいまだ頑として聳え立っている。

ところで、加藤の『敗戦後論』は、激変する戦後日本社会のなかで「敗戦」を決して忘れようとしなかった大岡昇平を高く評価している。日本人にとっての第二次大戦を描き出した金字塔的作品である『俘虜記』と『レイテ戦記』の著者は、戦時中捕虜となったことを理由に芸術院会員への推挽を拒否した。当時、大岡は次のように語った。

私の経歴には、戦時中捕虜になったという恥ずべき汚点があります。当時、国は〝戦え〟〝捕虜にはなるな〟といっていたんですから。そんな私が芸術院会員になって国からお金をもらったり、天皇の前に出るなど、恥しくて出来ますか。

（中国新聞一九七一年一一月二八日付、記事中の談話）[41]。

この大岡の発言を加藤は、昭和天皇に暗に向けられた「恥を知れ」というメッセージであると読む[42]。私はこの読解を正当なものとみなす。「恥を知る」という一点においてのみ、「生き延びてしまった」という負い目からかろうじて身を保つことができる、という姿勢が大岡昇平の示したエチカであった。この立場からすれば、退位すら実行しなかった昭和天皇の存在がどのようなものとして評価されたか、想像に難くない。

しかし、いまや注目されるべきは大岡の到達した思想的境位、すなわち戦後日本が達成した物質的繁栄・富裕化のなかであえて敗残者としての立場に固執し、強靱な精神によってそれを保ったということのみではない。いまや問題は、もっと物質的なものとなっている。言い換えれば、現在問題となっているのは、われわれが「恥知らず」であることによる精神的堕落・腐敗のみならず、それがもたらしつつあるより現実的な帰結、すなわち、われわれが対内的にも対外的にも無能で「恥ずかしい」政府しか持つことができず、そのことがわれわれの物質的な日常生活をも直接的に破壊するに至ることになる（福島原発事故について言えば、すでに破壊している）という事実にほかならない。

第二章　「戦後の終わり」を告げるもの
——対外関係の諸問題

第一節　領土問題の本質

第一章では、戦後日本のレジームの根本をなすものを「永続敗戦」と名づけ、その構造を概観した。続く本章では、「平和と繁栄」のうちの「平和」がいま侵されつつある現場である日本の対外関係について見てゆく。そこで第一に議論の対象とするのが、いわゆる領土問題である。その理由は、この問題が尖閣諸島問題をはじめとして平和の維持にとって緊迫性を帯びていることだけでなく、この問題ほど日本社会における「敗戦の否認」という歴史意識が明瞭に、また有害なかたちで現れている問題はほかにないからである。

周知のように、日本国家は三つの領土問題（尖閣諸島・北方領土・竹島）を事実上抱えている。それぞれの問題は、歴史的経緯や日本による実効支配の有無といった重要な事情においてそれぞれに異なっている。しかしながら、いずれの問題に関しても日本政府がとっている「日本固有の領土」という論理は共通していること、そして、領土問題をめぐって燃え上がる日本のナショナリズムがどのケースにおいてもある重大な政治的事実と歴史を見落としている、という点において三つの問題は全く同様の問題として立ち現れている。

日本に限ったことではないが、領土問題となると人々は日ごろ見向きもしなかった古地図やら古文書やらに突如として群がり、自国の主張にとって好都合な証拠を血眼になって探し始める。しかし、こうした「古反故《ふるほご》への熱狂」は、日本の領土問題にとって本質的にはほとんど無意味である。なぜならば、これらの問題は、古文書の類を引っかき回さねばならないほど古い問題ではないからである。

結局のところ、国家の領土を決する最終審級は暴力である。すなわち、歴史上の直近の暴力（＝戦争）の帰趨が、領土的支配の境界線を原則的に規定する。日本の領土問題にとって、この「直近の暴力」とは第二次世界大戦にほかならない。日本社会の大半の人間が見落としているのは、三つの領土問題のいずれもが第二次世界大戦後の戦後処理に関わっている、つまりこの戦争に日本が敗北したことの後始末である、という第三者的に見れば当然の事情である。このことは、日本と他国との領土問題の処理の仕方が、ポツダム宣言受諾からサンフランシスコ講和条約に至る一連の日本の戦後処理の根本方針によって規定されざるを得ない、ということを意味する。このことが国民的に理解されない限り、領土問題の平和的解決はあり得ず、したがってこれらの、それ自体は些末《さまつ》である問題が戦争の潜在的脅威であり続ける状態は終わらない。

しかし、結論から先に言ってしまえば、この国の支配的権力は敗戦の事実を公然と認めることができない（それはその正統性の危機につながる）がゆえに、領土問題の道理ある解決に向けて前進する能力を、根本的に持たない。こうした状況のなかで、「尖閣も北方領土も竹島も文句なしに我が国のものだ」「不条理なことを言う外国は討つべし」という国際的には全く通用しない夜郎自大の「勇ましい」主張が、「愛国主義」として通用するという無惨きわまりない状況が現出しているわけである。

そして、日本の領土問題を複雑にしているのが、サンフランシスコ講和条約に中国・韓国・当時のソ連は参加していないという事情である。同講和会議に中華人民共和国は招請されず、ソ連は共産中国が招請されなかったことを不服として条約調印を拒否、韓国は戦争当時日本の一部であったのだから日本と戦争することはできなかったとされて、参加資格を与えられなかった。それゆえ、これらの国々との戦後処理（敗戦処理）を日本は個別に行なってゆくことになる。

日本政府（外務省）の主張するところによれば、領土問題をめぐる現在の政府の立場は、戦後日本が国家主権を回復したサンフランシスコ講和条約において同意した原則に完全に一致するものであって、問題の領域が「日本固有の領土」であることにいささかの疑問の余地もない、という。果たして、この立場に十分な妥当性はあるのか？　以下、順番にその歴史的過程を概観し、政府の主張や国内世論の正当性を吟味する。

なお、この際強調しておきたいのは、領土問題をはじめとする国家間の問題について考えるときに、締結された条約や共同声明等の条文を読むことの大切さである。実際にどのような文面に署名がなされ国家の意思が刻印されたのかを知らずして、国家の現在の主張の是非を判断することは決してできない。かつその際には、生の条文にあたってみるべきである。[1]なぜなら、雑誌や新聞の記事では、条文を示さないまま記事執筆者の見解を示している場合が多いが、その際条文の解釈が当を得ているかどうか、保証の限りではないからである。本書ではなるべく豊富に条文を引用するが、読者もまた、自分で考える際には自ら条文にあたってみることを強くお勧めする（いまではインターネット上で正確な条文を調べることが簡単にできるのだから）。

尖閣諸島問題

最初に取り上げるのは尖閣諸島問題である。二〇一二年にこの問題が日中間のきわめて深刻な摩擦にまで発展し、「日中関係は一九七二年の国交正常化以来、過去最悪」とまで言われる状態となった経緯を確認しておこう。

まず初めに、二〇一〇年九月七日に発生した尖閣諸島沖での中国漁船衝突事件が、今日の事態の直接的な導火線となったと言える。尖閣諸島近海で違法操業していた中国漁船に対して日本の海上保安庁巡視船が退去命令を発したところ、中国漁船が巡視船に衝突。漁船は拿捕《だほ》され、船長以下乗組員は逮捕された。これを受けた中国政府は、「尖閣は中国領」という立場から不当な逮捕であるとして非難の声を上げたが、問題が深刻化し始めたのは、九月一九日に船長の二度目の勾留延長が決定され、日本側がこの船長を日本の正式な司法プロセスに基づいて処分する姿勢を鮮明に示した時点においてであった。中国政府は、官民の日中交流事業を次々に停止させ、中国国内にいた建設会社フジタの社員四名を軍事管理区域を許可なく撮影したという容疑で拘束、さらにはレアアースの対日輸出を差し止めるという行動に出るとともに、温家宝《おんかほう》首相（当時）が、「われわれは（日本に対し）必要な強制的措置を取らざるを得ない」と発言し、さらなる処置の実行を仄《ほの》めかした。事態は両国による「チキンレース」の様相を呈してくるなかで、九月二四日に、「那覇地方検察庁の独自の判断」というかたちで船長の処分保留による釈放が発表され、翌日船長は本国に送還された。かくして一応事件の片はついたが、その後、海上保安庁巡視船乗組員が、日本政府が公開を控えていた、漁船が体当たりを行なった場面の映像をネット上で公開し、処分を受けるという余波も生じた。

この一件に関して心胆を寒からしめるのは、時の菅直人を首班とする日本政府が、虎の尾を踏むことになるという自覚が一切ないままに、緊張のエスカレーションへと突き進んでいったのではないか、という疑惑である。巡視船に体当たりした中国漁船の船長を日本側が逮捕したというところまでは、この事件はどうということのない出来事にすぎなかった。しかし、拘束した船長を日本の正式な司法プロセスによって処断するという姿勢を政府が示したとき、問題は全く別の次元に突入せざるを得なかった。なぜなら、領海侵犯者を日本の国内法に厳密に従わせるという意思表示は、日中間で事実上暗黙の合意となってきた領土問題の「棚上げ」という姿勢を日本側が根本的に変更する、というメッセージにほかならなかったからである。

尖閣諸島問題の「棚上げ」とは、一九七二年の日中国交正常化交渉において、田中角栄首相（当時）が「尖閣諸島についてどう思うか？ 私のところに、いろいろ言ってくる人がいる」と発言し、それに対して周恩来《しゅうおんらい》首相（当時）が、「尖閣諸島問題については、今回は話したくない。今、これを話すのはよくない」「この問題を議論しだしたら、何日かかるかわかりませんよ」と返して[2]、問題を先送りしたことに端を発する。この方針については、一九七八年に当時副首相を務めていた鄧小平《とうしょうへい》が来日したときにも、「中日国交正常化の際も、双方はこれに触れないことを約束した。今回の平和友好条約締結交渉の際も同じくこれに触れないことで一致した。……こういう問題は一時棚上げにしてもよい。一〇年棚上げしてもかまわない」との発言があり、[3]あらためて確認された。これは要するに、中国政府は事あるごとに「尖閣諸島は自国領土である」と公式見解として主張はするものの、日本側が尖閣支配を現状以上に実効的なものとしない限りでは、その実効支配に向けて本気で行動に出ることはしない、という方針を示すものである。もっとあけすけに言えば、尖閣諸島について「絶対に譲れない」というようなことを口先では言うけれども、本気で奪いにゆくようなことを当座はしない以上、白黒はっきりしない状態にとどめておくということにほかならない。

この「棚上げ」は、中国側が一方的に提示してきた態度ではなく、日本側も暗黙裡に同意を与え、維持してきた事柄であった。その証拠に、小泉政権当時の二〇〇四年三月、中国人活動家七名が尖閣諸島に上陸して出入国管理法違反容疑で沖縄県警によって逮捕されるが、七名はほとんど即座に、起訴・裁判といった正規の司法手続きを経ることなく、強制退去処分を受けている。こうした処置は、日本側から見た合意の内容とは、尖閣諸島の実効支配を維持するが、その支配は名目的な性格の強いものにとどめておく、ということであることを物語っている。

「棚上げ」の合意を確証する証拠はさらにある。佐藤優が指摘したことであるが、一九九七年一一月に東京で署名された（日本側署名者は当時外務大臣の小渕恵三）日中漁業協定には、「漁業に関する日本国と中華人民共和国との間の協定第六条（b）の水域に関する書簡」という文書が付属している。ここに言う「協定第六条（b）の水域」とは、「北緯二十七度以南の東海の協定水域及び東海より南の東経百二十五度三十分以西の協定水域（南海における中華人民共和国の排他的経済水域を除く。）」を指し、そこには尖閣諸島の海域が含まれる。問題の書簡は、次のごときものであるという。

　本大臣は、本日署名された漁業に関する日本国と中華人民共和国との間の協定に言及するとともに、次のとおり申し述べる光栄を有します。

　日本国政府は、日中両国が同協定第六条（b）の水域における海洋生物資源の維持が過度の開発によって脅かされないことを確保するため協力関係にあることを前提として、中国国民に対して、当該水域において、漁業に関する自国の関係法令を適用しないとの意向を有している。

　本大臣は、以上を申し進めるに際し、ここに閣下に向かって敬意を表します。

千九百九十七年十一月十一日に東京で
日本国外務大臣　小渕恵三[4]［傍点引用者］

尖閣諸島問題において本質的に切実な問題が現状で存在するとすれば、それは出るか出ないかあやふやで開発コストがペイしうるのか否か不透明な石油や天然ガスの問題ではなく、日中両国の漁民の利害の衝突である。この問題を実質的に解決するために、日本政府は、尖閣諸島の領有権主張を維持したまま、同海域を漁業協定の適用外としたのであった。つまり、実効支配の原則を突き詰めず、実質的に問題を「棚上げ」することを文書のかたちで公式に表明していた、ということである。ここまでくれば、「棚上げ」合意は、暗黙のものとは言えない。さらに言えば、右の書簡の規定するところによれば、日本の海上保安庁巡視船が中国漁船を追い回すことさえも、協定違反になりかねない。この協定は自民党政権（橋本龍太郎政権）下で結ばれたのであるから、事件発生当時の自民党が民主党政権の対応を「弱腰」として攻撃したのは、全くの噴飯ものと言うほかなかった。彼らは、政府を攻撃する前に自党の先輩の「弱腰」をまず非難しなければならなかったはずである。

かくして明らかなように、二〇一〇年の漁船衝突事件において中国政府側が強烈な反応を示したのは、日本側が示した国内法に基づいて事件を処理するという方針が、このように相当に確固たるかたちで維持・共有されてきた従来の暗黙の合意を取り下げ、この問題について白黒はっきりさせる（＝「棚上げ」をやめる）という重大な態度変更を意味するものとして、受け止められたからである。このような態度変更が、両国にとって利益になるのかということもそもそも大いに疑わしいが、それ以上に唖然とせざるを得なかったのは、時の日本の政府首脳が自分たちのしていることが相手側当事者に対してどのようなメッセージとなるのかを理解しているようには到底見えなかった、ということである。言い換えれば、彼らは自分で自分のやっていることが何であるのか、理解していなかった。

その結果、政府首脳は、何の覚悟もないまま（端的に言えば、「白黒はっきりさせる」ためには一戦を交える覚悟が必要である）チキンレースへと突入することとなり、進退窮まる羽目に陥る。挙句出てきたのが、船長に対する司法手続きの中止と国外退去という高度に政治的な判断を一地方検察庁に押しつけて責任と批判を回避する、という卑劣きわまりない行動であった。

この民主党政権の対中外交における無能と無責任を満天下にさらした二〇一〇年の事件を伏線として、二〇一二年四月の石原慎太郎東京都知事（当時）による都の尖閣諸島購入宣言がなされるに至る。この宣言は、「ナメられてたまるか」という子供じみた単細胞的なナショナリズム感情に依拠しているのと同時に、民主党政権によるあまりに拙劣な言動がもたらした政府不信・不満の広範な感情に乗ずるものであった。その後の経緯は周知のごとくである。都の呼び掛けた尖閣諸島購入基金への募金事業には一〇億円を超える金が瞬く間に集まり、九月に野田内閣（当時）は、この極右政治家（＝石原）の暴走に歯止めをかけることを企図して、尖閣諸島の国有化を実行したが、これが逆に中国側を刺激する結果となった。中国各地での反日暴動が日系企業におびただしい損害を与え、また中国艦船および軍用機による領海・領空への侵入が毎日のように起こるという事態が現出するに至った。

　巷間流布している定説によれば、一九七〇年代以降、尖閣諸島近海で石油資源が埋蔵されている可能性が指摘され、また沖縄の米国からの返還が決まり中国にとって「重し」が取れたことから、中国は突然、それまで見向きもしてこなかったこれらの島々に対する領有権を主張し始めた。[5] 中国側の主張が「唐突」であると見えるにせよ、ここで吟味されるべきは、この主張に果たしてどれほどの理があるか、それとも理がないか、という問題である。

　このことは、反対に日本の側から見れば、現在の日本国家がどのような範囲の土地や海域を自らの領土として正当に主張しうるのか、その際に日本の領土的主張はどのような原則に従わなければならないか、という問題である。先にも述べたように、領土問題を決するのは、最終的には暴力・戦争であり、したがって現代日本の領土問題が従わなければならない原則とは、日本にとって直近の戦争である第二次世界大戦の戦後処理の原則である。

その原則、つまり、日本の領土問題において日本国家が大前提としなければならない原則は、第一義的にはポツダム宣言第八条によって与えられている。その条文は次のように述べている。

「カイロ」宣言ノ条項ハ履行セラルヘク又日本国ノ主権ハ本州、北海道、九州及四国並ニ吾等ノ決定スル諸小島ニ局限セラルヘシ

この条項は、日本の領土問題を考える上で繰り返し立ち戻らなければならない原点をなしている。降伏によって日本は、この条文を呑んだわけであるが、それが意味するところは、敗戦の結果として日本は、基本的に、日清戦争以降に武力によって獲得した領土（主として、台湾、朝鮮半島、樺太、事実上の保護国である満州、ならびに日中

戦争・太平洋戦争中に占領した領域）をすべて失うことになる、ということであった。

もちろん、ここで微妙な問題となるのは、尖閣諸島もそのなかに含まれるとされる沖縄――沖縄は日清戦争以前の「琉球処分」によって近代日本国家に編入されている――のステイタスである。このことの問題性については後ほど見るが、ここでは「吾等ノ決定スル諸小島」という表現に留意する必要がある。この「吾等」とは、連合国の代表者、すなわち米国・英国・中華民国・ソ連（後に加わる）であり、この「吾等」が主要四島以外の日本の領土範囲を「決定」するという原則を、戦争の帰趨から日本は受け容れるほかなかったのである。

この原則を日本側が突き崩そうとするならば、論理的に言って、ポツダム宣言の受諾に遡りこれを否定しなければならない。それは、全連合国を敵に回して再び戦争状態に入ることを意味する。言うまでもなく、このような行為は空想的次元に属するがゆえに、この「ポツダム宣言第八条」という論点（それは日中国交正常化声明においても確認されている）を、政府首脳の発言を含め中国側は繰り返し突いてきている。例えば、中国社会科学院中国辺境歴史地理学研究センターの李国強副主任は、「釣魚島（＝尖閣諸島の中国名）問題」について駐日中国大使館のホームページ上で、次のように述べている。

日本の釣魚島問題での誤った行為は、本質的には「カイロ宣言」と「ポツダム宣言」などの国際法文書で決まった戦後の対日処理をないがしろにするものであり、世界反ファシズム戦争における勝利の成果を踏みにじるものである。

第二次世界大戦で決定的な勝利を得た後、中、米、英三カ国はカイロで会議を開き、対日作戦でどのように協調するかの共同軍事問題、そして戦後日本をどう処置するかなどの政治問題を話し合った。その後「カイロ宣言」が作り上げられ、一九四三年一二月一日に公表された。「カイロ宣言」は次のように明確に定めている。すなわち、中国東北、台湾、澎湖群島など日本が窃取した領土は、中国に返還させる。日本は武力および貪欲によって略取した他の地域からも、駆逐される。一九四五年七月、中、米、英三カ国は「ポツダム宣言」を発表した。そのうちの第八条では、「『カイロ』宣言ノ条項ハ履行セラルヘク又日本国ノ主権ハ本州、北海道、九州及四国並ニ吾等ノ決定スル諸小島ニ局限セラルヘシ」と定めている。この二つの国際的法律文書は、反ファシズム戦争の最も重要な成果の一つであり、中国人民を含め、世界の反ファシズム闘争が生命という代償であがなった国際的な条約である。だが過去数十年の間、日本は「カイロ宣言」と「ポツダム宣言」を順守しないだけでなく、事実上否定してきた。[6]

これに対して、日本の外務省は、「基本見解」として次のような立場を示している。

尖閣諸島が日本固有の領土であることは、歴史的にも国際法上も疑いのないところであり、現にわが国はこれを有効に支配しています。したがって、尖閣諸島をめぐり解決すべき領有権の問題はそもそも存在していません。

第二次世界大戦後、日本の領土を法的に確定した一九五二年四月発効のサンフランシスコ平和条約において、尖閣諸島は、同条約第二条に基づきわが国が放棄した領土のうちには含まれず、第三条に基づき南西諸島の一部としてアメリカ合衆国の施政下に置かれ、一九七二年五月発効の琉球諸島及び大東諸島に関する日本国とアメリカ合衆国との間の協定（沖縄返還協定）によりわが国に施政権が返還された地域の中に含まれています。以上の事実は、わが国の領土としての尖閣諸島の地位を何よりも明瞭に示すものです。[7]

ここでまず問題になるのは、右記のように日本政府はその領土的主張の根拠をサンフランシスコ平和（講和）条約に求めているわけであるが、中華人民共和国はサンフランシスコ講和会議への代表派遣を拒否されている、という事実である。そのため、中国側は、サンフランシスコ平和条約そのものの有効性を認めていない。ゆえに、中国側からすれば、日中間の領土的原則の根本はポツダム宣言にこそ求められる、という立場が設定されることとなる。再び李国強の言葉を引けば、次のような論理が展開される。

日本は国際法文書の履行を公の場で約束したことには、確かな証拠がある。一九四五年八月一五日、日本政府は「ポツダム宣言」の受諾を宣言し、無条件降伏した。九月二日、日本政府は「降伏文書」の第一条と第六条の中で、「『ポツダム』宣言ノ条項ヲ誠実ニ履行スル」と宣言した。これにより、釣魚島は台湾の付属島嶼として、台湾と一緒に中国に返還された。日本は降伏文書の中で約束したが、実際には実行せず、逆に不法な「サンフランシスコ講和条約」をねじ曲げて解釈し、愚かにも釣魚島を自分のものにすることをたくらんだ。[8]

仮に、中華人民共和国政府がサンフランシスコ講和会議の正当性を認めないにしても、同会議において日本が独立を回復したという事実の重みに鑑《かんが》みて、中国に対する日本の領土的主張の正当性をサンフランシスコ講和条約の内容によってある程度根拠づけることが可能であるとした場合（それは日本の外務省がとっている立場である）、果たして日本政府の現在の主張は正当化されうるであろうか。こうした仮定は、筋の通らないものではない。すなわち、中国側は、中華民国から中華人民共和国へと政体が実質的に変更されたがゆえに、日本と連合諸国の間で結ばれた講和条約（そこには日台間でサンフランシスコ講和条約における原則を確認した日華平和条約も含まれる）は中国にとって無関係・無効であるとの立場に立っているが、サンフランシスコ講和会議から中国が排除されたという経緯を考慮したとしても、同会議で打ち立てられた原則を完全に無視することは道理に合わない、と考えうるからである。というのは、中国が「サンフランシスコ講和条約は無効」という立場を徹底させ、同講和条約の内容を完全に無視するのであれば、政府の交代を背景として自らを連合国の一員からはっきりと切り離すことになるが、その場合、今度は自らをポツダム宣言を発した主体からも切り離すこととなり、日本の領土的主張に対してポツダム宣言第八条を根拠として対抗する手段を失うからである。

つまり、簡単に言えば、中国が、自国に都合のよいときは連合国の一員として振る舞い、都合の悪いときは「そのときは違う政府だった」と主張するならば、ダブルスタンダードに陥るということである。もちろん、サンフランシスコ講和会議への参加を中国政府は拒まれたのであるから、日中間の領土係争の原理がサンフランシスコ講和条約ではなくポツダム宣言第八条に求められることは、道理にかなっている。ただし、右に述べた道理がある以上、曖昧さが残る微妙な問題については、ポツダム宣言からサンフランシスコ講和条約に至るまで一貫して日本に適用された原則による拘束を、現在の中国政府はその領土的主張に関して論理的には受けざるを得ない、ということである。同様の論理は、後に触れる日ソ（ロシア）間の問題についてもあてはまる。

しかし、以上の論理的問題は、実は些末な事柄にすぎない。なぜなら、ポツダム宣言からサンフランシスコ講和条約に至るまで、戦後日本の領土に関して取り決められ、日本が同意した原則は、千島列島の取り扱いという例外を除けば実際かなりの程度首尾一貫しており、ポツダム宣言第八条とサンフランシスコ講和条約との間に本質的な矛盾は存在しないからである。そして、両者において一貫せしめられた原則は、すでに述べたように、戦後日本の領土は日清戦争以降に武力により獲得した領土をすべて差し引いたものに限定される、というものであった。それが、ポツダム宣言第八条にいう「局限セラルヘシ」が具体的に指す内容である。サンフランシスコ講和条約において、日本の領土に関する条項は次のように定められている。

第二章　領域

第二条

（a）日本国は、朝鮮の独立を承認して、済州島、巨文島及び鬱陵島を含む朝鮮に対するすべての権利、権原及び請求権を放棄する。

（b）日本国は、台湾及び澎湖諸島に対するすべての権利、権原及び請求権を放棄する。

（c）日本国は、千島列島並びに日本国が千九百五年九月五日のポーツマス条約の結果として主権を獲得した樺太の一部及びこれに近接する諸島に対するすべての権利、権原及び請求権を放棄する。（後略）

右の条文のうち、千島列島の処理の問題のみが、いま述べた原則にあてはまらないが、この点については、後に北方領土問題について考察する際に触れることにする。条文のうち、尖閣諸島問題に直接関連するのは、一目瞭然であるが（b）項である。

要するに、尖閣諸島が「台湾の一部」であるならば、日本はこれに対する正当な領有権の主張をすることができず、同諸島が「沖縄の一部」であるとすれば、日本の領有権の主張は国際的に正当化されうる資格を持つ。とすると、決定的な問題は、日清戦争を契機に尖閣諸島が台湾の一部として日本領土となったのか、それともそれに先立って同諸島はすでに沖縄の一部として日本領土であったのか、ということである。

この点についての歴史的経緯は、すでに明らかになっている。一八八四年に日本の民間人が同諸島の開拓許可を申請したのを受け、内務卿山県有朋は「国標建設」を上申するが、時の外務卿井上馨が清国を刺激しかねないことを理由にこれを拒否している。[9]このように、明治政府が清を意識していたことが明らかである以上、今日の外務省の公式見解、「元々尖閣諸島は一八八五年以降政府が沖縄県当局を通ずる等の方法により再三にわたり現地調査を行ない、単にこれが無人島であるのみならず、清国の支配が及んでいる痕跡がないことを慎重に確認の上、一八九五年一月一四日に現地に標杭を建設する旨の閣議決定を行なって正式にわが国の領土に編入することとしたものです」[10]という表現は、当時の尖閣諸島があたかもほかの誰の関心をも惹かない完全な無主地であったかのような印象を与え、少なくともミスリーディングである。

さらに、中国史研究者の羽根次郎が指摘していることだが、一八七〇年代に明治政府が「琉球処分」を断行し、日清両国に共属していた琉球王国を「沖縄県」へと「日本化」してゆく過程において、清国が黙ってこれを見過ごしていたわけではなかった。その間、両国間の交渉の場で尖閣諸島が話題になることは確かになかった。だがそれは、尖閣諸島が日本の支配下に入る自然の成り行きが成立していたからではなく、正反対に、当時にあっては、日本政府による排他的主権の確立が進んでいたとはいうものの沖縄本体の帰属すらもが画定された状態にはなかったためにほかならない。「琉球の帰属問題については、琉球藩廃止と沖縄県設置に清朝高官は反対した。したがって、琉球海域に存在する尖閣諸島について、自国領だと独自に述べる必要はなかった[11]」。つまり、当時の日清両国間の問題は、尖閣諸島のみの帰属問題ではなく、尖閣諸島をその一部として含む沖縄全体の帰属問題であった。「それゆえにこそ、日清戦争以前を扱った歴史史料の中で、尖閣諸島の帰属問題を清朝側が個別に取り上げた史料は皆無なのである。沖縄全体の帰属問題に異論があったのだから、それは考えてみれば当たり前のことなのだ[12]」。外務省の「基本見解」は、こうした歴史的事情を無視し隠蔽することによってのみ成り立ちうる代物である。

そして、右に見たように、一八九五年一月一四日に尖閣諸島は日本の領土に組み入れられたが、それは日清戦争の真只中においてのことであった。外務省の「基本見解」は、故意にかどうか知らぬが、そのことに言及していない。この日付こそ、尖閣諸島問題において決定的な意味を持っている。すなわち、日清戦争後の下関条約（一八九五年四月一七日締結）によって、日本は台湾ならびに澎湖諸島などを清から割譲させるが、これらの地域は、第二次世界大戦後の日本の戦後処理によって、原則通り日本から剝奪された。要するに、尖閣諸島が日本領化された時期がきわめて微妙なのである。それは、日清戦争の結果として日本領化されたとは言い切れない一方で、日本にとって有利な戦況を背景として領土編入が公式に決定されたという側面から見れば、「日清戦争によって獲得された領土」であるという性格をも有している。つまり、これまでの戦後の歴史において国際的に承認されてきた領土問題についての原則に照らして、日中両者の主張にはそれぞれに分があると言わざるを得ない。周恩来の「この問題を議論しだしたら、何日かかるかわかりませんよ」という言葉は、的を射ている。

この問題について両国が譲らず、実力をもって片をつけるという愚行も避けるならば、両国の合意のもとで国際司法裁判所の裁定を仰ぐという手段がある。しかし、領土問題において問題地域に対する実効支配を確保している側は、一般的に領土問題の存在そのものを認めない。尖閣諸島問題に対する外務省の見解も、問題そのものを認めていない。仮にこれを認めて国際司法裁判所に問題を委ねるならば、すでに見たように、日本側に有利な裁定が下る保証は全くない、ということがわかるだろう。そうであるとすれば、長年日中が維持してきた「棚上げ」という「解決なき解決」は、「弱腰」どころか日本にとって有利な状態を持続させることに貢献してきた、とみなされてしかるべきである。

さて、尖閣諸島問題をさらに複雑にしているファクターは、米国の存在である。第一に、米国は「尖閣は日米安保の適用範囲」との見解を繰り返し表明しつつも、そのコミットメントは現状ではリップサービス以上のものではない。というのも、尖閣諸島の帰属問題については、米国は「中立の立場」を取っているからである。かつ、豊下楢彦が指摘するように、尖閣諸島の一部である二つの島（久場島と大正島）を米軍が射爆撃場として沖縄返還以降も排他的な管理下に置きながら（軍事施設としての使用実績はない）、米国はかかる立場を取っており、これは無責任と言うほかない[13]。

第二に、仮に尖閣諸島をめぐって日中の軍事衝突が起きたとして、「尖閣は日米安保の適用範囲」とする米国政府の見解は、米軍の参戦を自動的に意味するものではない。孫崎享が詳細に論じているが、日米安保条約第五条は「各締約国は、日本国の施政の下にある領域における、いずれか一方に対する武力攻撃が、自国の平和及び安全を危うくするものであることを認め、自国の憲法上の規定及び手続に従つて共通の危険に対処するように行動することを宣言する」、と定めている。しかし、この条項は、米国が参戦しなければならないことを意味するものではない。孫崎は次のように述べている。

米国は条約上の義務を負っていない。第五条で述べているのは「自国の憲法上の規定に従って行動する」と言っている。では米国憲法の規定とは何を意味するか。

米国憲法［第一章：引用者］第八条［連邦議会の立法権限］の第一一項に戦争宣言が記載されている。他方大統領は軍の最高司令官であり、戦争の遂行の権限を有する。こうして戦争実施に関し力を分散させたのは、米国が突入する危険を少なくするためと見られている。議会の戦争宣言権と、軍の最高司令官の間の権限調整は、法的にさまざまな議論があるが、大統領は戦争に入る際には政治的にできる限り議会の承諾を得るように努力する。

この中「主権は係争中。米国は主権問題に中立」としている尖閣諸島の問題に議会と相談なく軍事介入することはありえない。従って米国が安保条約で約束していることは、せいぜい「議会の承認を求めるよう努力する」程度である。[14]

孫崎はさらに続けて、北大西洋条約における はっきりとした即座の武力行使の実行規定と比較して、日米安保条約に定められた参戦規定がいかに緩いものであるかを明確に示している。仮に有事となった場合、「尖閣は日米安保の適用範囲」と繰り返し宣言している以上、米国大統領は議会に参戦を諮る義務を確かに負うだろう。しかしながら、政府が主権問題について一貫して「中立の立場」を取っている問題に米国が自国民の血を流して介入することが、果たしてどれほど理解を得られるか、甚《はなは》だ心許ないと言わざるを得ない。

このように、米国が武力介入してくるのかどうかそもそも相当に怪しいのであるが、逆に、介入が実行されることによって日本が安全になるわけでもない。日本国民の大半が「いざとなったとき米国が出て来さえすれば大丈夫」と考えているとすれば、これこそまさに平和ボケの極致と言うべき思考である。仮に米国が対中参戦を決断するとすれば、それは米国が尖閣諸島問題への中国のコミットメントを同国の覇権拡大における決定的な契機とみなし、これを相当の覚悟を持って叩きに出る、という事態以外には想定不可能である。これは、戦争が局地的なものにとどまらなくなる可能性を意味し、まことに不吉なシナリオである。現在の米国の対中スタンスに鑑みて、このシナリオの実現可能性は低いとはいうものの、絶対にあり得ないものではない。

また、米国が参戦した時点で、尖閣紛争が核戦争となる可能性が高まる。なぜなら、中国は自らの核兵器について、非核保有国に対してはこれを決して用いず、また先制使用しないとの方針を公にしている。無論、こうした公式見解が有事に実際貫かれるかどうか定かではない。だが、確実に言えることは、紛争が日中二ヵ国間にとどまる限りでは中国が核兵器を使用する大義名分は決して立たないが、米国が加わった時点で、大義名分が立つ可能性が生じる、ということにほかならない。そして、中国の配備している大陸間弾道ミサイルの精度がいかほどのものか詳細は不明であるが、米国本土に飛ばすよりも日本列島に向けて撃つほうが容易であることもまた、疑いを容れない。

「この取るに足らない島をめぐって核兵器などあり得ない」という考えはまことに愚かである。中ソ国境紛争（一九六九年）当時、不毛の地（ダマンスキー島＝珍宝島）をめぐる争いにおいて両国が核兵器をスタンバイさせたことが想起されなければならない。もちろん、この紛争の背景には、中ソ論争というより深い対立があった。だが、尖閣諸島問題がより重要な歴史を画する闘争と結びつけられるならば、それはとてつもない惨禍の導火線となる可能性を持つ。

以上のような情勢を尖閣諸島問題ははらんでいるわけだが、東京都による尖閣諸島購入をブチ上げ問題を炎上させた石原慎太郎都知事（当時）は、米国による二島の管理という問題を当初全く問題視せず、後にこれを取り上げるも、間もなく引き下がった。これについて豊下楢彦は次のように評している。

> 政府の問題に「口出し」をした石原氏は、米国との関係がでてくると、たちまち「口出しはしない」と引き下がるようである。いずれにせよ、「そのままでいい」ということは、尖閣五島のうち二島は、米軍の排他的管理下で「日本人立ち入り禁止」という現状を半永久的に続けて良い、ということなのである。
>
> ここまでくれば、石原氏にとってこれら二島は、日本の「固有の領土」ではなく、あたかも米国の「固有の領土」とみなされているかのようである。これが、日本を代表する「ナショナリスト」の今日の立ち位置なのであるが、それはまた、「米国にはへつらい中国や韓国には居丈高に振る舞う」という、戦後日本の〝歪なナショナリズム〟のあり方を象徴しているのであろう。[16]

この石原評には全面的に同意するが、「歪なナショナリズム」というよりも、「病的な卑小さ」とでも形容したほうが適切であるように思われる。ここでは、「永続敗戦」の構造が純粋なかたちで現れている。米国に対しては敗戦によって成立した従属構造を際限なく認めることによりそれを永続化させる一方で、その代償行為として中国をはじめとするアジアに対しては敗北の事実を絶対に認めようとしない。このような「敗北の否認」を持続させるためには、ますます米国に臣従しなければならない。隷従が否認を支え、否認が隷従の代償となる。

ところで、尖閣諸島問題をめぐって米国の軍産複合体にとって最も利益のあるストーリーとは、緊張の昂進に伴って日本の防衛予算が大幅に上昇することであろう。紛争が起きてくれればなおよい。石原が例の意思表明をした記者会見の席がヘリテージ財団（米国の右派系シンクタンク）であったことは、大いに示唆的である。このような利害に対して、日本の自称ナショナリストたちは、大々的に貢献することを現に欲し、かつ行動しているのである。

北方領土問題

次に見るのは、日露間の懸案であり続けてきた北方領土問題である。この問題に関する近頃の動向としては、二〇一二年一二月の総選挙の結果を受けて成立した安倍政権（第二次）が、解決へ向けた積極的な姿勢を表明していることが挙げられる。例えば、次のように報じられている。

安倍晋三首相は二八日、ロシアのプーチン大統領と約二〇分間電話で協議し、平和条約締結に向けた作業を活発化させる必要性があるとの考えで一致した。プーチン氏は、安倍氏に訪露を要請し、一三年中の実現に向けて調整することも確認した。

首相は、北方領土問題について「日露間の最大の懸案であり、双方が受け入れ可能な解決策を見いだすために努力したい」と呼び掛けた。これに対し、プーチン氏は「平和条約に関する作業をより活発化するよう両国の外務省に指示を出す必要がある」と応じた。[17]

日本では首相が代わる度にこうした類のコメントが発せられており、そしてその度に何の変化も起こらないので、さして注目する必要はないのかもしれないが、それでもあえて真に受けてみることにしてみよう。このような報道を見る限りでは、安倍政権は北方領土問題の解決に対して、相当に「前のめり」の姿勢を取っているかのような印象を受ける。しかしながら、歴史的経緯に鑑みるならば、安倍首相の言葉、「双方が受け入れ可能な解決策」は、日本政府がこれまで同問題に対して取ってきた立場が根本的に変更されない限り、到底想像できない。

それでは、この問題の歴史的経緯とはいかなるものであるのか。「北方領土」と呼ばれる国後《くなしり》島・択捉《えとろふ》島・色丹《しこたん》島・歯舞《はぼまい》群島を含む領域がソ連邦（その後継者としてのロシア）の実効支配下に置かれるようになったのは、一九四五年八月九日にソ連が対日戦争を開始し（宣戦布告は八月八日）、日本のポツダム宣言受諾（八月一四日）と降伏文書調印（九月二日）の後にも軍事行動を続けたことによる。ソ連は結局、九月五日まで当時の日本領への侵攻を続け、南樺太、千島列島全島ならびに色丹・歯舞までを占領した。こうした行動は、戦争終結時の混乱発生の可能性という状況を差し引いたとしても、到底正当化され得ない侵略行為であった（加えて、この間にソ連は五六万人とも七六万人とも言われる大量の人々を連行し、奴隷的労働に使役した＝シベリア抑留）。この一事をとってみるならば、いままで日本政府がソ連・ロシアに対して主張し続けてきた領土要求は、いかにも正当なものであるかのように見える。

だがしかし、先にも見たように、サンフランシスコ講和条約・第二章・第二条（c）項には、「日本国は、千島列島並びに日本国が千九百五年九月五日のポーツマス条約の結果として主権を獲得した樺太の一部及びこれに近接する諸島に対するすべての権利、権原及び請求権を放棄する」、と記載されている。この条文は、すでに確認した戦後日本の領土画定の原則から明白に逸脱するものであった。なぜなら、南樺太は日露戦争の結果として日本がロシアから獲得したものであり、これが日本から失われることは原則にかなっていた一方で、千島列島は一八七五年に締結された樺太千島交換条約によって平和裡に日本領土へと編入されたものだからである。それにもかかわらず、時の吉田政権は、この条文を呑んでしまった。その事情についてはここでは縷述《るじゅつ》しないが、簡潔に言えば、ヤルタ密約[18]の存在、ならびに中国の共産化と朝鮮戦争という東西対立の高まりを背景として、米国がソ連による千島列島の実効支配を暗黙裡に容認したがゆえに、原則からのこのような逸脱が生じたと見るべきであろう。ここで何よりも重要なポイントは、日本が千島列島を放棄することに同意した、という事実である。

すでに触れたように、ソ連はサンフランシスコ講和条約の調印を拒否したため、日ソの国交回復は、一九五六年の日ソ共同宣言を待って図られることとなる。一〇箇条からなる同宣言のうち、領土に関する条項は、以下の二つのものである。

六　ソヴィエト社会主義共和国連邦は、日本国に対し一切の賠償請求権を放棄する。

日本国及びソヴィエト社会主義共和国連邦は、千九百四十五年八月九日以来の戦争の結果として生じたそれぞれの国、その団体及び国民のそれぞれ他方の国、その団体及び国民に対するすべての請求権を、相互に、放棄する。

九　日本国及びソヴィエト社会主義共和国連邦は、両国間に正常な外交関係が回復された後、平和条約の締結に関する交渉を継続することに同意する。

ソヴィエト社会主義共和国連邦は、日本国の要望にこたえかつ日本国の利益を考慮して、歯舞群島及び色丹島を日本国に引き渡すことに同意する。ただし、これらの諸島は、日本国とソヴィエト社会主義共和国連邦との間の平和条約が締結された後に現実に引き渡されるものとする。

一見して明らかなように、これらの条文は「戦勝国」と「敗戦国」との立場の絶対的違いを思い知らせる厳しい内容を持っているが、その要点はいかなる事柄であろうか。第六条が示しているのは、平たく言えば、戦争の結果として出来上がった状態に対して「お互いにとやかく言わない」ということである。それはつまり、日本としては、戦後の対日処理の原則から逸脱している千島列島のソ連への編入という現状に対して、異議を申し立てる権利を放棄する、ということを意味する。すでに見たように、サンフランシスコ講和条約において日本は千島列島をすでに放棄していた。さらに第六条から第九条に至る論理構成という観点から見てみるならば、「共同宣言」の日本にとっての厳しさは際立つ。すなわち、第六条で「現状に関して文句をつけない」と述べている以上、日本は現状に対して何ら抗議できない道理なのであるが、ソ連はいわば「勝者の寛大」によって歯舞群島と色丹島を日本に返してあげる、という論理構成が見て取れよう。領土に関してこれで手打ちとなれば、平和条約を結ぼうではないか、というわけである。

　このように、領土問題についての日ソ共同宣言の要点は、日本は歯舞群島と色丹島以外の島々をすべて諦めるということにほかならなかった。こうした日本にとって厳しい条件を、時の鳩山一郎政権は呑まざるを得なかった。それは、戦勝国と敗戦国との立場の違い、彼我の実力差に加え、シベリア抑留者の帰国事業を推進しなければならないという切迫した事情と、国連加盟を実現しなければならないという事情に促されてのことであった。言い方を変えれば、鳩山政権は、領土の面で犠牲を払ってもソ連との関係改善を図ることを志向したのであった。

しかし、ここにおいて、世に言う「ダレスの恫喝」が行なわれる。すなわち、当時の米国務長官、ジョン・フォスター・ダレスが、鳩山に先立ってソ連と交渉していた重光葵外相（当時）に向かって、「この条件に基づいて日ソ平和条約締結へと突き進むのならば、米国は沖縄を永久に返さないぞ」という趣旨の発言を行ない、介入したのである。その論理は、日本はサンフランシスコ講和条約において千島列島をすでに放棄している以上、自ら領有していないもの（具体的には、択捉島と国後島）を米国の許可なく他国に譲ることはできない、というものであった。[19]

これはまことに恐るべき強弁にほかならなかった。サンフランシスコ講和条約においてほかならぬ米国が千島列島の放棄を日本に強いておきながら、後になってその放棄を盾にとって「お前の持っていないものを他人に譲ることはできない」と迫ったのである。このようなダレスの強硬な介入の意図は、有馬哲夫の整理によれば、次の二点にある。すなわち、「（一）北方領土問題が日ソ間で解決することを妨げ、日本人の非難の目がアメリカの沖縄占領に向かないようにする。（二）日本にソ連に対する強い敵意を持ち続けさせ、日本がソ連の友好国になったり、または中立政策をとったりすることなく、同盟国としてアメリカの側にとどまらせる」[20]ことが、ダレスの意図であった。ダレスの行為は、まさに「恫喝」と呼ばれるにふさわしいものであった。日米関係史研究者のマイケル・シャラーによれば、「何とか妥協点を見出そうとする重光の努力をはねつけ、ダレスは「ソ連が全千島を手に入れるなら、アメリカは永久に沖縄に居座ることになるだろう。そうなれば、どんな日本政府も存続できないだろう」と断言した[21]」。

かくして日本は、「沖縄をとるか、北方領土をとるか」という苦しい選択を迫られた。正確を期して言えば、日ソ共同宣言の線で平和条約締結に進むならば、返還されるのは歯舞・色丹の二島にすぎないのであるから、沖縄をとるか歯舞・色丹をとるかという選択である。その規模や人口の違いを考慮すれば、沖縄が優先されたのは必然的な選択であった。同時に、このどちらの島をとるのかという選択は、冷戦構造の世界における同盟者（というよりも宗主国）として米国をとるのかソ連をとるのかという重大な選択につながりかねないものでもあったが、戦後の日本人の大部分にとって前者をとることは自明であった。してみれば、北方領土問題は、まさに解決されないことが好都合な問題にほかならなくなった。サンフランシスコ講和条約から日ソ共同宣言に至る過程、そこで合意された内容を見れば、「四島を返還せよ」という日本側の主張は明白に無理筋であり、これに対してソ連が妥協する可能性は限りなく低かった。つまり、日本としては、相手方が絶対に呑むはずのない要求を突きつけ続けることによって、友好関係の樹立を常に頓挫させることが、事実上目指されてきたのである。そしてそれは、実際によく機能してきた。

しかし、言うまでもなく、ソ連崩壊、冷戦構造の崩壊によって、状況は根本的に変わった。ロシアを仮想敵国として名指しし続ける必然性は消滅した。問題は、それにもかかわらず日本の対露外交方針が基本的に変わっていない、ということである。そこに見出されるのは、「ダレスの恫喝」を受けて当時の日本政府が余儀なくこしらえあげた無理な論理に、もはやその必然性がないにもかかわらずひたすら固執し続け、挙句自縄自縛に陥っている哀れな姿である。そして、ダレスでさえも予想できなかったことには、沖縄に米国(軍)が居座り続けているにもかかわらず、恫喝された者たちの後継者たちは、依然として日本政府を構成している。

外務省は、日本がサンフランシスコ講和条約において千島列島の放棄を宣言しているにもかかわらずソ連・ロシアに対してその一部の返還を要求してきたこととの矛盾を整合させるために、「千島列島」が指す範囲を常識とは異なるものにする、という屁理屈じみた手管《てくだ》を弄してきた。すなわち、「南千島」とも呼ばれる択捉・国後の二島は「千島列島」に属さない、という見解である。外務省は現在、次のような公式見解を発表している。

> 平和条約そのものは千島列島の地理的範囲をはっきりと定めていませんが、我が国の立場は十分明らかにされています。平和条約にいう「千島列島」には、日本固有の領土である歯舞群島、色丹島及び国後、択捉両島は含まれないとの解釈は、我が国を拘束するいかなる国際合意とも矛盾しません。
>
> 日本政府も国会審議などで、国後、択捉両島は日本固有の領土であって、サンフランシスコ平和条約で放棄した「千島列島」には含まれないという見解を繰り返し明らかにしてきています。[22]

ここには、指摘されるべき問題がいくつもある。まず第一に、すでに述べたように、「平和条約にいう「千島列島」には、日本固有の領土である歯舞群島、色丹島及び国後、択捉両島は含まれないとの解釈」は、詭弁的である。歯舞・色丹に関しては、これらが千島列島に含まれないという見解を吉田茂が首相在任時に打ち出しており、説得性はそれなりにある。これに対し、「国後・択捉は千島列島ではない」という見解は、後ほど見るように、いかなる地理学的常識にも逆らうかたちでつくられた政治的こじつけにほかならない。

次に、「日本固有の領土」という日本の領土問題で必ず用いられるマジックワードがここでも使われている。「固有の領土」なる概念は、日本政府が領土問題についての基本見解を述べるに際して多用されるにもかかわらず外務省はこれを定義しておらず、また国際法的にも定義づけられないので、ほとんど意味不明であるのだが、外務省の用法を見る限り、「戦後日本が原則的な政治的正当性を伴って領有を主張できる領土」という程度のことを意味していると思われる。そうであるとして、この論理に固執するのであれば、なにも択捉島までを「日本固有の領土」とする合理的理由は全く見当たらない。戦後の対日処理の大原則に従って、千島列島の全島、その北東端、占守島《しゅむしゅ》に至るまでの領有権を主張してこそ筋が通るはずであるが、外務省がそのような主張を展開した事実はない。ここから了解されるのは、「固有の領土」概念は、確たる原則に基づいた主張ではなく、これまでの対米無限従属的外交方針を永続化させるための、無原則な御都合主義を正当化するための方便にすぎない、ということである。

そして最後に、「日本政府も国会審議などで、国後、択捉両島は日本固有の領土であって、サンフランシスコ平和条約で放棄した「千島列島」には含まれないという見解を繰り返し明らかにしてきています」、という記述は明白に虚偽である。確かに、「ダレスの恫喝」が生じる（一九五六年八月一九日）前後から、外務省筋から米国の意向を察するかたちで「択捉・国後は千島列島に含まれず」という見解が出されている。だが、それ以前のサンフランシスコ講和条約の国内承認プロセスにおいては、西村熊雄条約局長（当時）が一九五一年一〇月一九日の国会答弁において「条約にある千島の範囲については北千島、南千島両方を含むと考えております」と発言、またその一週間後の二六日の国会では、日米安全保障条約特別委員長であった田中萬逸が「遺憾ながら条約第二条によって明らかに千島、樺太の主権を放棄した以上、これらに対しては何らの権限もなくなるわけであって、国際司法裁判所に提起する道は存しておらない。またクリル・アイランドの範囲は、いわゆる北千島、南千島を含むものである」[23]、と述べているのである。これらの経緯から見えてくるのは、サンフランシスコ講和条約締結当初の政府は、日本がすべての千島列島を放棄したとの立場を明確にとっていたにもかかわらず、その後立場を変更し、さらにその変更を隠蔽して国民を欺き続けている、ということにほかならない。

ソ連が崩壊し新生ロシアとなってからも、ロシア政府は「日ソ共同宣言が領土交渉の基礎となる」旨を繰り返し表明し、一九九三年の「東京宣言」をはじめとして日本側もこの原則に対する同意を与えている。それにもかかわらず、歯舞・色丹以上のものを要求し続けるという態度は、駄々っ子同然のそれであると言うほかない。問題は、この当然の道理を日本国民の大半が理解できておらず、駄々っ子の主張を自明的に正当な要求と思いなしている、という異様な状況である。見てきたことから明らかなように、この要求を貫徹するためには、究極的には、千島列島の放棄を約したサンフランシスコ講和条約を否定・破棄しなければならない。しかし、日本社会はそれを直視しようとはしない。ここに「敗戦の否認」がある。

それでもなお、法律や外交文書に関する談義とは別に、千島列島に関する戦後処理は正道を外れており、日ソ共同宣言は日本の窮状につけ込んだ苛酷で正義を欠いたものであった、という日本国民の感情を拭い去るのはむずかしいかもしれない。無論、ソ連の対日参戦から日ソ共同宣言に至るまでの行為には、道義的に非難されるべき事柄が多々ある。しかしながら、多くの日本人が見落としているのは、こうした横暴は、ソ連にとっては、日本のシベリア出兵（一九一八－二二年）に対する報復の要素を持っていた、という事情である。日本が総数で七万人以上の兵力を投入したこの軍事行動は、歴然たる内政干渉であった。その後の一九二五年に日ソ基本条約が結ばれ、国交が樹立されるが、その際シベリア出兵に対する賠償は一切行なわれず、またこのときの軍事行動によって日本が獲得した北樺太の石油利権は保護されることが確認された。これは要するに、いまだ革命と干渉戦争・内戦のつめ跡から立ち直っていないソ連の窮状につけ込むかたちで、日本にとって有利な条件を相手方に呑ませた、ということにほかならない。

このように、国家の行動というレベルで日ソ両国の行なってきたことを振り返るならば、「どっちもロクでもない」としか論評の仕様がない。一般的に言って、国家の振りかざす「正義」なるものが高々この程度のものであることは、何度でも肝に銘じられるべきである。問題は、自国の行動や主張に限っては無条件的な正義と一致しうると考える幼稚な心性を清算すること（それは日本に限られた課題ではないが）であるが、「敗戦の否認」が続けられている限り、この課題が達せられる見込みは決して立たないであろう。

竹島問題

最後に、竹島問題の歴史的経緯を見ておこう。サンフランシスコ講和条約における竹島の扱いは、第二章・第二条（a）項に記されている。再び条文を引くと、「日本国は、朝鮮の独立を承認して、済州島、巨文島及び鬱陵島を含む朝鮮に対するすべての権利、権原及び請求権を放棄する」、とある。この条文が定まった経緯について、外務省は次のように説明している。

一．一九五一（昭和二六）年九月に署名されたサンフランシスコ平和条約は、日本による朝鮮の独立承認を規定するとともに、日本が放棄すべき地域として「済州島、巨文島及び鬱陵島を含む朝鮮」と規定しました。

二．この部分に関する米英両国による草案内容を承知した韓国は、同年七月、梁《ヤン》駐米韓国大使からアチソン米国務長官宛の書簡を提出しました。その内容は、「我が政府は、第二条a項の『放棄する』という語を『(日本国が) 朝鮮並びに済州島、巨文島、鬱陵島、独島及びパラン島を含む日本による朝鮮の併合前に朝鮮の一部であった島々に対するすべての権利、権原及び請求権を一九四五年八月九日に放棄したことを確認する。』に置き換えることを要望する。」というものでした。

三．この韓国側の意見書に対し、米国は、同年八月、ラスク極東担当国務次官補から梁大使への書簡をもって次のとおり回答し、韓国側の主張を明確に否定しました。

「……合衆国政府は、一九四五年八月九日の日本によるポツダム宣言受諾が同宣言で取り扱われた地域に対する日本の正式ないし最終的な主権放棄を構成するという理論を（サンフランシスコ平和）条約がとるべきだとは思わない。ドク島、または竹島ないしリアンクール岩として知られる島に関しては、この通常無人である岩島は、我々の情報によれば朝鮮の一部として取り扱われたことが決してなく、一九〇五年頃から日本の島根県隠岐島支庁の管轄下にある。この島は、かつて朝鮮によって領有権の主張がなされたとは見られない。……」

これらのやり取りを踏まえれば、サンフランシスコ平和条約において竹島は我が国の領土であるということが肯定されていることは明らかです。[24]

要するに、サンフランシスコ講和条約において日本が放棄した領土のなかに竹島は含まれないのであって、この点において北方領土問題と竹島問題は大いに異なる。サンフランシスコ講和会議への代表派遣を封じられた韓国は、このようなかたちでの領土問題の処理を不服とし、一九五二年に「李承晩《りしょうばん》ライン」を宣言し竹島をそのなかに入れると、五四年には竹島に駐留部隊を派遣、実効支配を開始した。李承晩ラインの設定以降、日本の漁民が韓国側官憲によって拿捕・拘束、銃撃されるなどの小競り合いが生じ、合計で四四名にのぼる死傷者が発生している。こうした状態は、一九六五年の日韓基本条約（付帯して結ばれた漁業協定）締結によってようやく一応解消されたが、同条約において竹島問題は明記されず、事実上「棚上げ」されて今日に至っている。ただし、日韓漁業協定（一九六五年締結、一九九九年新協定締結）では、竹島周囲は「暫定水域」として規定され、操業面においては日本側が実質的に譲歩する結果となっている。

このように、日本が抱える三つの領土問題のうち、竹島問題は、第二次世界大戦から切り離されて行なわれた軍事行動によって現在の事実上の境界線が定められたという点で際立っている。だが、ここでも適用されるべき原則は同一であり、戦後日本の敗戦処理の原則に照らして、日本の領土的主張の正当性は吟味されることとなる。竹島が公式に日本領化された起源は、一九〇五年一月の閣議決定に遡る。尖閣諸島の帰属問題が、その編入時期が日清戦争という文脈と関わるために複雑化したのと全く同様に、竹島問題のむずかしさもこの編入時期に起因している。その事情を豊下楢彦は次のようにまとめている。

そのわずか五ヵ月前の一九〇四年八月二二日に第一次日韓協約が締結されていたからである。この協約によれば、韓国は日本政府の推薦する外国人一名を外交顧問として雇いその意見に従わねばならず、外交案件について日本政府と協議のうえ決定・処理せねばならないことが規定されており、実質的に韓国保護国化の第一歩が踏み出されたのである。ちなみに当時は、朝鮮半島における日露戦争は終了し、韓国は事実上日本の占領下に入っていたのである。さらに、日本の閣議決定から一〇ヵ月後の一九〇五年一一月一七日には、韓国の外交権を最後的に剝奪する第二次日韓協約が結ばれ、韓国は名実ともに日本の保護国となったのである。[25]

この延長線上で一九一〇年には「韓国併合」が実施され、朝鮮半島の植民地化が完成する。竹島は日露戦争の進行下で日本領化されたわけだが、この戦争は、朝鮮半島と満州をめぐって日露のどちらが自らの勢力圏とするかを争って行なわれたものであった。ゆえに、韓国併合へ至る第一段階として第一次日韓協約が結ばれたことは明らかであると言わざるを得ない。さらにそれを背景として竹島が日本領化されたのであるとすれば、竹島はカイロ宣言に言うところの「暴力及び貪欲により日本国が略取した」領土であり、戦後日本が正当性を持って領有を主張できる対象ではない、ということになる。

しかし、この問題がややこしいのは、尖閣諸島問題と同様に、竹島の編入が韓国の日本による保護国化を「背景として」行なわれたとまで言い切れるかどうか、微妙であるためである。この点について、両国政府は一九〇五年以前の歴史書等における記述を援用して自らの主張を根拠づけようとしており、古くは新羅《しらぎ》や百済《くだら》といった時代（六世紀）までもが言及されている。まさに「古反故への熱狂」そのものであるが、滑稽な事態であると言うほかない。なぜなら、近代主権国家の成立以前の世界において、国境線は現在よりもはるかに曖昧であり、人々の国家への帰属の意識、国民としての自覚も現代とは大きく異なるものであったからである。ましてや航行技術と漁業の技術が現代よりも格段に低い状況にあって、人が住めない小さな島の国家的帰属は、当時においてはさしたる関心を引くものではあり得なかった。そのような時代における文書の記述を「歴史上綿々と続いてきた我が国による領有の証拠」として取り上げるという行為は、現代の物の見方を過去に投影する倒錯でしかない。朴裕河《パクユハ》の言葉を借りれば、「現在の領土観は、国家共同体の概念が生まれ、彼らが暮らす場所として特定領域を画定した、近代国民国家以降にできたものにすぎない」[26]のである。

竹島問題への日本政府の対応においてほかの二つの問題と異なっている点は、この件についてだけは国際司法裁判所（ＩＣＪ）への提訴を積極的に打ち出しているところにある。国際司法裁判所への提訴は紛争当事者の両国家が同意しなければ、これを実行することが基本的にできない。韓国側はこれを拒んでいるので実行されていないわけである。このことは一見、日本側の「公正な」態度と韓国側の「不誠実な」態度を意味しているような印象を与える。しかし、竹島問題については国際司法裁判所の権威を認める一方で、ほかの領土問題においてはこれに言及しないという姿勢は、ダブルスタンダードであるとの誹《そし》りを免れるものではない。元外交官の浅井基文は次のように述べている。

日本が本気で竹島問題の解決をＩＣＪ付託で図るというのであれば、尖閣及び北方四島についても、ＩＣＪ付託の用意があることをあらかじめ公表するべきだ（もちろん、いずれを相手にしたＩＣＪ訴訟であれ、いかなる判決結果にも従う潔さを政府も国民も持たなければならない）。尖閣については「領土問題は存在しない」と言い張っておいて、韓国に対してだけＩＣＪ付託を提案しても、「ためにするもの」として一蹴されてしまうだけだ（現実にもそうなった）。相手に応じて手練手管を変えるという短視眼、場当たりの日本外交のあり方は国際的に通用しないことを、政府も国民もいい加減知るべきである。[27]

このような正論が実行に移されない理由は見え透いている。すなわち、これまで見てきたことから明らかなように、尖閣諸島に関しては日本側が実効支配を保っている以上、「領土問題は存在しない（ゆえにＩＣＪ付託を提案する理由がない）」との立場を貫くことが有利であり、仮に付託が実現された場合、判決の行方は微妙であると予想できる。そして北方領土問題については、日本の国後・択捉に対する要求ははっきりと無理筋である。これらに比して、竹島問題は日本にとって有利な判決が見込めるかもしれない。だが、李承晩ラインが一方的に宣言されたという歴史的経緯に照らせば、竹島問題については日本側の主張に優位性が予想されるがゆえに、三つの問題のうち、竹島問題についての問題のみを国際司法裁判所の場に持ち込もうという姿勢が、広範な国際的理解を得られるはずがないのである。

それでもなお、このダブルスタンダードを解消しようという動機は、戦後日本の支配的権力からは出て来ようがない。なぜなら、それを実行することは、「日本固有の領土」という概念の崩壊を必然的に招き、それによって政府・国民はポツダム宣言とサンフランシスコ講和条約の内容に真正面から向き合うことを強いられ、したがってまた敗戦の事実とあらためて向き合うことを要求されるからである。かくして日本は、領土問題を「解決なき解決」に留め置くことに失敗しつつある（尖閣諸島問題）一方で、第三者の調停による解決（国際司法裁判所への付託）に踏み出すこともできない。それは何を意味するであろうか。言うまでもなく、待っているのは、残された唯一の方法、すなわち最終審級、戦争による「解決」であるほかない。

第二節　北朝鮮問題に見る永続敗戦

次に見ておきたいのは、いわゆる「北朝鮮問題」である。周知のように、北朝鮮（朝鮮民主主義人民共和国）については、核開発問題、ミサイル問題、そして拉致被害問題といった大問題が山積している。特に、拉致問題は日本社会の世論の憤激を呼び起こし、日朝間で国交正常化交渉が全く前進できない最大の原因となると同時に、二一世紀の日本のナショナリズムの発火点のひとつとなっている。北朝鮮が実行を認めた日本人拉致という行動が道義的に非難されるべき行為であったことは疑問の余地がない。そして、小泉首相（当時）の電撃訪朝（二〇〇二年）からすでに一四年の月日が流れ、その際には両国が国交正常化へ向けて前進することが宣言された（日朝平壌宣言）にもかかわらず、両国がその実現に至る気配は一向に皆無であり、当の拉致問題も依然としてはっきりとした解決がなされる見込みも立たない（無論、この問題の性格上「すっきりとした解決」はそもそも非常に困難であるのだが）まま立ち往生している。北朝鮮が極端な軍国主義を国是とする専制国家であり、国際的常識からかけ離れた行動原理を有していることは自明であるが、いまや北朝鮮問題の解決（あるいは暴発の阻止）に向けた国際的体制における日本の発言力は低下する一方であるように思われる。

この一四年の間、拉致問題解決に向けて日本側が取った手段は主に経済制裁であるが、現在に至るまでこの方法から得られた結果は乏しいものであった。それにもかかわらず、安倍政権は「圧力」を高めることによって「私が最高責任者であるうちに解決する」との方針を示している。[28] だが、「圧力」が功を奏する確たる見通しがあるわけでもない。

そして、日朝国交正常化交渉が頓挫していることよりも異常なのは、日本にとっての北朝鮮問題における最重要課題が、同国の核兵器とミサイル開発の問題よりも、拉致問題に置かれているかのごとき雰囲気が醸成されたことである。確かに、拉致被害は重大な問題であり、それが当事者にもたらした痛苦は測り知れない。だが、北朝鮮は同様の犯罪行為を合計一〇数ヵ国以上の人々に対して行なったと見られており、特に韓国人や中国人で拉致された人数はそれぞれ三桁にのぼると見られているにもかかわらず、韓国や中国はこの問題を公式に取り上げていない。その理由は、拉致が度し難い所業であることは当然ではあるものの、それ以上に核兵器とミサイルの問題がより深刻なものとして受け止められているからである。要するに、彼らは拉致問題を優先してはいない。というのも、政治の論理（それは、ある意味で冷酷無惨なものであって、一人ひとりの個人の救済については時に無力である）からすれば、核武装と大陸間弾道ミサイルの問題の重大性に比したとき、拉致の問題は、どれほど腹に据えかねる事柄であっても、第二義的なものとして位置づけられざるを得ないからである。

つまり、ここで検討されるべきは、日本の政治がなぜこのように国際的スタンダードを外れた優先順位の設定を行なっているのか、という問題である。この問題を突き詰めてみたとき、われわれはまたもや同じ問題に、すなわち「敗戦の否認」「永続敗戦」という問題に出会うのである。

「平壌宣言の原点」とは何か

最初に現状を確認しておこう。ここ数年間の日朝の交渉では、正式な国交正常化交渉のテーブルに着く以前に、日本側は「拉致問題の解決」を訴え、これに対して北朝鮮側が「拉致問題は解決済み」との見解を突きつけ、物別れに終わるということに不毛な交渉ならぬ非‐交渉が繰り返されている。例えば、二〇一二年九月には次のような報道があった。

北朝鮮を始《ママ》めて訪問した小泉純一郎首相（当時）と金正日総書記による日朝平壌宣言から一〇年となる一七日、北朝鮮の朝鮮中央通信が論評を出した。日本人拉致問題は解決済みとの見解をあらためて示し、「両国を近くて近い国にするのは金正日総書記の遺訓だ」とし、関係改善への意欲も示した。

論評は、拉致問題について「すでに全て解決した」などと表現、日本側に対し、「『核・ミサイル、拉致問題』にしがみ続ければ、関係改善はない」と主張した。そのうえで、国交正常化に向けた協議や核・ミサイルを含む安全保障問題の解決を掲げた日朝平壌宣言について「最後まで履行しようとする（北朝鮮）政府の立場は今日も明日も変わらない」と表明、「関係正常化に進むかどうかは日本の態度にかかっている」とした。

日朝両政府は八月末、北京で外務省課長級の予備協議を開いたが、「拉致問題は議題に含まれる」とする日本に対し、北朝鮮は朝鮮中央通信を通じて「事実と違う」と否定。局長級の本協議が開かれないままになっている。[29]（後略）

だがこの後、北朝鮮の姿勢には変化の兆候があるとの報道もある。二〇一二年一二月には、次のような報道がなされている。

野田政権時代の一一月に行われた日朝政府間の局長級協議で、北朝鮮が従来の「拉致問題は解決済み」との立場を変更する可能性に言及していたことが明らかになった。北朝鮮は変更の条件として、日本側が何をもって拉致問題を「最終的に解決した」と認めるかの基準を示すよう求めた。北朝鮮の長距離弾道ミサイル発射などで政府間協議はストップしているが、北朝鮮は早期の協議再開を目指しているとみられ、拉致問題で動きが出てくる可能性がある。（中略）

局長級協議は一一月一五日から二日間、モンゴルの首都ウランバートルで行われ、日本から杉山晋輔外務省アジア大洋州局長、北朝鮮からは宋日昊《ソンイルホ》朝日国交正常化交渉担当大使らが出席した。

関係者によると、宋大使は協議の冒頭、「何としても平壌宣言の原点に戻りたい」と強調。〇二年の日朝平壌宣言は「北朝鮮が被害者で、日本が加害者である過去の戦争の関係を清算した上で、国交を正常化しようというものだ」とする独自の主張を展開した。

さらに、拉致問題で被害者と加害者が「逆になった」とし、両国関係を元に戻すため、「拉致問題について日朝双方がお互いの意見を言い合う実質的な議論をしよう」などと提案したという。

一方で、宋大使は北朝鮮が拉致を認めて謝罪した〇二年以降、拉致被害者五人の帰国やほかの拉致被害者の再調査を日本政府が評価せず、逆に制裁を強化したなどと非難。今後、こうした展開になるのを避けるために、拉致問題の交渉の出口を設定するよう日本側に求めたという。[30]（後略）

時系列を遡れば、二〇〇八年六月に北朝鮮は、「拉致問題は解決済み」とする日朝平壌宣言以来の見解を翻し、再調査実施の意向をいったん表明している。しかしその後、再調査は具体的に進展せず、現在に至っている。以上から明白であるのは、「拉致問題は解決済み」という姿勢を崩すか否かをめぐって北朝鮮は逡巡している、ということだ。日本側にとって拉致問題が解決済みとは到底思えないのは、日本政府が公式認定した拉致被害者が計一七名である（その他に北朝鮮による拉致が疑われる失踪者が数百名にのぼる）のに対し、北朝鮮側が拉致を認めたのが一三名、そのうち帰国が実現したのは五名で、残る八名は死亡したとの見解をとっていることによる。北朝鮮側の説明に対する日本側の不信感は、死亡したとされる八名の死亡証明書が偽造されたものであることを二〇〇四年に北朝鮮が認めざるを得なくなったこと、そして拉致被害者・横田めぐみの遺骨鑑定問題等を通して、決定的なものとなった。かくして、この点についての不信感が払い去られない限り、国交正常化へ踏み出すことは不可能という世論が醸成され、外務省も次のような方針を表明している。

一九七〇年頃から八〇年頃にかけて、北朝鮮による日本人拉致が多発しました。現在、一七名が政府によって拉致被害者として認定されています。

平成一四年九月に北朝鮮は日本人拉致を認め、謝罪し、再発の防止を約束しました。そして、同年一〇月に五人の被害者が帰国しましたが、他の被害者については、平成一六年五月の日朝首脳会談において、北朝鮮側より、直ちに真相究明のための徹底した調査を再開する旨の明言があったにもかかわらず、未だ北朝鮮から納得のいく説明はありません。拉致問題に関する北朝鮮側の主張には多くの問題点があることから、日本政府としてはこうした主張を受け入れることはできません。

拉致問題は、我が国の国家主権及び国民の生命と安全に関わる重大な問題であり、この問題の解決なくして日朝の国交正常化はあり得ません。日本政府は、すべての拉致被害者の一日も早い帰国を実現すべく、政府の総力を挙げて最大限の努力を尽くします。[31]

「拉致問題の解決なくして日朝の国交正常化はあり得ない」、これが日本政府の立っている立場である。だが、このことはわかり切っているのにもかかわらず、なぜ北朝鮮は、「拉致問題は解決済み」との見解を繰り返し提示するのであろうか。興味深いのは、北朝鮮の拉致問題への見解が数度にわたってぶれている一方で、同国の日朝平壌宣言への姿勢は全く揺らいでいない、という事実である。先に引いた報道のなかでは、「国交正常化に向けた協議や核・ミサイルを含む安全保障問題の解決を掲げた日朝平壌宣言について「最後まで履行しようとする（北朝鮮）政府の立場は今日も明日も変わらない」と表明」（二〇一二年九月）しており、また「宋大使は協議の冒頭、「何としても平壌宣言の原点に戻りたい」と強調」（二〇一二年一二月）したという。

つまり、北朝鮮は平壌宣言を非常に重要視している。その理由は一面では見やすい。平壌宣言は国交正常化とともに経済援助についても定めているのであるから、要するにカネの問題である。それでは、平壌宣言において拉致問題はどのように取り扱われていたのか、なぜ同宣言以降、北朝鮮は繰り返し「拉致問題は解決済み」との姿勢を見せるのか。このことを平壌宣言の条文に立ち返って考察する必要がある。

日朝平壌宣言において、拉致・国交正常化・経済援助に関係する項目は以下の二つである。

二．日本側は、過去の植民地支配によって、朝鮮の人々に多大の損害と苦痛を与えたという歴史の事実を謙虚に受け止め、痛切な反省と心からのお詫びの気持ちを表明した。

双方は、日本側が朝鮮民主主義人民共和国側に対して、国交正常化の後、双方が適切と考える期間にわたり、無償資金協力、低金利の長期借款供与及び国際機関を通じた人道主義的支援等の経済協力を実施し、また、民間経済活動を支援する見地から国際協力銀行等による融資、信用供与等が実施されることが、この宣言の精神に合致するとの基本認識の下、国交正常化交渉において、経済協力の具体的な規模と内容を誠実に協議することとした。

双方は、国交正常化を実現するにあたっては、一九四五年八月一五日以前に生じた事由に基づく両国及びその国民のすべての財産及び請求権を相互に放棄するとの基本原則に従い、国交正常化交渉においてこれを具体的に協議することとした。

双方は、在日朝鮮人の地位に関する問題及び文化財の問題については、国交正常化交渉において誠実に協議することとした。

三．双方は、国際法を遵守し、互いの安全を脅かす行動をとらないことを確認した。また、日本国民の生命と安全にかかわる懸案問題については、朝鮮民主主義人民共和国側は、日朝が不正常な関係にある中で生じたこのような遺憾な問題が今後再び生じることがないよう適切な措置をとることを確認した。

第二条から即座に読み取れるのは、日本が国交正常化の後に実行すると約しているのは過去の植民地支配に対する事実上の賠償金である、ということである。このことは、経済援助への言及に先立って「痛切な反省と心からのお詫び」が述べられていることから明らかである。ちなみに、平壌宣言に「痛切な反省と心からのお詫び」が書き込まれたことは、北朝鮮外交にとって成果であった。なぜなら、一九六五年の日韓国交正常化に際して、韓国はこうした謝罪の表現を日本政府から引き出すことができなかったからである。

だが同時に、それは北朝鮮にとっての譲歩も含んでいた。それはすなわち、経済援助というかたちを受け容れることは、正式の賠償金を取ることとの断念を意味するからである。北朝鮮問題のスペシャリストである毎日新聞編集委員の鈴木琢磨は、「平壌宣言以前の北朝鮮の方針からすると「一八〇度転換」、要するに「経済協力スタイルは日韓国交正常化式でいいのだ」と言っているに等しい」[32]、と評している。「双方は、国交正常化を実現するにあたっては、一九四五年八月一五日以前に生じた事由に基づく両国及びその国民のすべての財産及び請求権を相互に放棄するとの基本原則に従い、国交正常化交渉においてこれを具体的に協議することとした」という文面は、平たく言えば、日本による植民地支配の過去のことは水に流す、ということにほかならない。言うなれば、北朝鮮にとっては、日本の面子《メンツ》を立てて（正式な賠償を求めず）、実を取る（経済援助）ということである。

そして、第三条が実質的に拉致問題を扱った項目である。拉致問題を「このような遺憾な問題」と呼ぶことによって、北朝鮮側はこの問題について実質的に謝罪する意を表明したわけである。

以上のような構成から見えてくる平壌宣言の論理構成はいかなるものであろうか。北朝鮮の側から見た場合、それは次のようなものであると考えうる。すなわち、それぞれにとって都合の悪い過去の出来事（日本にとっては植民地支配、北朝鮮にとっては拉致事件）をお互いに認めて謝罪し、水に流す。そしてそれを基に国交の樹立へ向かう、ということである。

無論、両国の解釈の間で齟齬《そご》が起きるのはこの点においてである。すなわち、平壌宣言の時点では被害者の帰国もまだ一切なされていなかった以上、日本側にしてみれば拉致問題の北朝鮮による認知と謝罪は問題の出発点であるほかなかった。これに対し、北朝鮮側は、この宣言をもって同問題が原則的に解決された（生存者の帰国等は技術的に処理されるべき残務にすぎない）とみなしていた節がある。それを物語るものとして、次のような証言がある。二〇〇四年に横田めぐみの遺骨（と北朝鮮が称するもの）のDNA鑑定が行なわれた結果日本政府が「当人のものではない」と結論した際に、金正日は、「小泉は男ではない」と言ったという。[33] 断片的情報からの推測にはなるが、この発言からは北朝鮮側の論理が垣間見えるように思われる。つまり、彼らにとって日朝平壌宣言の本質が両国家にとって都合の悪い過去をそれぞれ認めて「水に流す」ことであり、小泉首相（当時）がそれに署名して同意した以上、その後に「水に流した」問題についてとやかく言うのは「男らしくない」、ということである。したがって、北朝鮮側の言う「平壌宣言の原点に戻る」との主張は、双方同意して過去を「水に流した」ことを認めよ、ということにほかならない。

こうした論理が日本にとって受け容れがたいことは言うまでもない。だが問題は、日朝平壌宣言が署名される過程で、右に見たような「論理」が展開される余地を日本側が生じさせたのではないか、ということだ。この点について、『産経新聞』の「再び、拉致を追う」と題する連載特集記事は、あらためて検証を行なっている。同記事からわかるのは、日朝平壌宣言当時の外務省が「拉致問題の解決なくして日朝の国交正常化はあり得ない」という立場を必ずしもとっていなかった、という事実である。

平成一四年九月の小泉純一郎首相の北朝鮮訪問は、金正日総書記が自ら拉致を認め、拉致被害者五人が帰国するという大きな外交的成果を生んだ。

政治は結果がすべてであり、それ自体は高く評価すべきだ。ただ、小泉氏をはじめ日朝交渉を主導したメンバーは国交正常化に前のめりで、拉致問題の重要性をどこまで認識していたかというと疑問視される。

「(重要なのは)拉致問題で何人が帰ってくるこないということではない。そういうことがあればハッピーだが、それよりまず国交正常化に対する扉を開くことに大きな意義がある」

これは事務方トップの古川貞二郎官房副長官が小泉訪朝直前の九月一二日の記者会見で語った言葉だ。

長年拉致問題に取り組んでいた安倍晋三官房副長官が訪朝を知らされたのは、八月三〇日の報道発表の直前だった。政府内で拉致問題を重視していた安倍氏は、日朝交渉のラインから完全に外されていたのだ。

安倍氏は小泉氏に同行して北朝鮮を訪れるが、水面下の交渉を担っていた外務省の田中均アジア大洋州局長から『日朝平壌宣言』を見せられたのは「行きの飛行機の中だった」という。安倍氏は平壌宣言に「拉致」が明示されていないことを初めて知り、「それはおかしい」と異を唱えたが、すでにどうしようもなかった。

「小泉さんは拉致のらの字も分かっていなかった」

訪朝直前に小泉氏と拉致問題について話した政府高官はこう証言する。拉致問題に関心が薄かったのは小泉氏だけではない。

「（拉致された）たった一〇人のことで日朝正常化が止まっていいのか」

これは一一年一二月、アジア局長に内定していた槙田邦彦氏が自民党の会合で言い放った言葉だ。（中略）

小泉氏周辺は当初、一四年中にも日朝国交正常化を実現する意気込みだった。その見通し自体、拉致問題が国民に与える衝撃の大きさへの理解が欠けていた。

実際は「五人生存、八人死亡」という北朝鮮側の通告が国民世論を沸騰させ、国交正常化どころではなくなった。[34]（後略）

小泉首相が拉致問題に関してここまで無関心であったという見方には、疑問符が付く。だが、最低限はっきりしているのは、日本政府のプライオリティが平壌宣言以後に「日朝国交正常化から拉致問題へ」と明確に変更された、という事実である。つまり、日朝平壌宣言を準備する段階においては、日本側のプライオリティは国交正常化に置かれており、かつそこには小泉政権（およびスキャンダルにまみれていた外務省）の外交的手柄への渇望があったとも推測しうる。北朝鮮にとっても拉致被害者の存在が対日外交カードであったことは確かであるが、小泉首相にとっても、拉致問題は本質的な関心事であったというより、政権の人気浮揚のための政治的カードとして利用しうるものであった。こうしたスタンスを裏づけるのは、二度目の訪朝後、拉致問題をめぐる事態がさらに複雑化するなかで、小泉は国交正常化路線を徹底する方針を取らない一方、「拉致問題に関しては安倍氏にげたを預け」[35]た、という事実である。

そして、記事にあるように、「「五人生存、八人死亡」という北朝鮮側の通告」が日本社会にもたらした衝撃のために、平壌宣言後の日本政府は優先順位を入れ換えた。ゆえに、北朝鮮側の「平壌宣言の原点に戻れ」との主張は、宣言当時の姿勢に戻って優先順位を元に戻せ、という要求でもある。そしてこの主張は、いかに不愉快であろうが、全く根拠なきものであるとは言えない。それゆえ、「北朝鮮側は「日朝平壌宣言」が生きている以上、「密約」も生きているとの認識」を持ち、「小泉政権後の日朝接触でも、たびたび日本側に「（約束破棄の）謝罪と経済支援の復活」を要求したとい[36]う」。この記事中に「密約」の内容は明確に書かれていないものの、それは「日朝平壌宣言をもって拉致問題は解決済みとみなす」という内容に近いものと推測可能である。

以上のように、日本政府の行なったプライオリティの変更はきわめて重大なものであったが、外務省をはじめとする当局は態度変更を行なった事実を説明してはいない。さらに言えば、外務省は、かかる重大な姿勢の変更を実行した以上、「日朝平壌宣言は破棄する」と公式に通告しなければ、筋が通らないのである。[37] それでは、なぜそのように「筋を通す」ことができないのであろうか。無論そこには、北朝鮮との対話の前提を完全に取り去ってしまうことによる悪影響に対する配慮が存在するに違いない。だが、そのように平壌宣言をあくまで重視するのであれば、拉致問題のプライオリティは相対化されなければならない。拉致問題を最重要視し、かつ平壌宣言は不動の前提として維持するという究極的には首尾一貫しない姿勢において、われわれはあの「敗戦の否認」を見出すことになる。

日朝国交正常化交渉は、核兵器・ミサイル、そして拉致問題に関係すると同時に、朝鮮半島に対する日本の植民地支配の後始末、つまり日本の敗戦後処理を行なう場でもあった。そしてこのことは、先に見たように、平壌宣言・第二条において扱われた。北朝鮮は、日本側の謝罪と反省の言葉を受け容れ、実質的な賠償を得るものの公式な賠償請求を放棄することに同意したが、このことは拉致問題を事実上「水に流す」ことと引き換えになされるものとされた。してみれば、平壌宣言の破棄が実行されるならば、それは日本の戦後処理の否定をも論理的に意味することとなる。言い換えれば、植民地支配の過去が「水に流された」ことを否定することとなる。日本社会が認知できず、政府が踏み込むことができないのは、まさにこの点である。

「戦後」にとっての拉致問題

拉致問題・北朝鮮問題をめぐってはさまざまな立場からの意見が表明されてきた。圧力を強めるほかはないとする強硬な意見もあれば、平壌宣言に日本が署名したことがそもそも間違いであったとする意見もある。日朝平壌宣言を高く評価し、同宣言に基づいて国交正常化路線を優先的に推進すべきとする意見は近年著しく退潮したが、それは、核開発の進行、ミサイル技術の高度化、そして延坪島《ヨンピョンド》砲撃事件（二〇一〇年一一月）に見られるような北朝鮮政府のさらなる強硬化を背景としてのことである。

気が滅入る現実とは、圧力の重要性を強調する強硬派の見解がある意味では正鵠《せいこく》を射たものとなってしまったことである。[38] すなわち、北朝鮮がより一層強硬化する過程で、日朝国交正常化が実現するどころか、かの国と正常な国交を結んでいる国はほぼ皆無と言ってよい状態となった。中国でさえ、激しい北朝鮮批判の言葉を幾度も公式発表しており、その存続を許容しているのは地政学的配慮（親米国家との緩衝地帯の必要性）によってのみであるように思われる。「妥協も必要だ」とか「圧力一辺倒では駄目だ」といった強硬派を諌《いさ》める言葉が空転せざるを得ない現実が、ここにはある。なぜなら、尖閣諸島問題や北方領土問題とは異なって、妥協することが成果を生み出す見込みが立たないからである。より具体的に言えば、国交正常化を優先する立場に戻ることが拉致被害者の救済につながるのか否か、全く不透明である。

さりとて、強硬派の方針に事態を打開できる展望もまたない。事態は八方ふさがりに陥った。留意すべきは、こうした相互強硬化の過程において、「国家の主体化」（＝国家の意思が、国家を構成する諸個人の意思に公然と優越すること）が当然の事柄として受け止められるようになっていったことである。二〇〇四年の被害者五人の一時帰国、そして恒久的帰国が決定される過程において、次のような論理が前景化した。

> 政府内には北朝鮮との「約束」なので、五人をいったん北朝鮮に戻すべきだとの意見もあったが、「被害者の本音」はそんな無謀な論理を吹き飛ばした。政府はその日のうちに、五人を北朝鮮には戻さず、永住させる方針を表明。被害者の意思にかかわらず、あくまでも日本政府が決めたことを強調した。[39]〔傍点引用者〕

五人の夫や子供は北朝鮮に「人質」として残っている。五人にはこのまま日本にとどまりたいと願っても本心は口に出せないジレンマがあった。だが、同胞の保護を最優先すべき政府側は当初、「本人の意向を尊重する」（小泉純一郎首相）とするばかりで、明確な国家意思を示そうとしていなかった。「北朝鮮に戻りたくない」との被害者たちの本音は「家族会」との会合などを通じて伝わってきた。同じころ、北朝鮮の核開発問題が表面化し、正常化交渉の行方も不透明となる。

そうした複雑な状況を踏まえ、安倍〔晋三〕氏は次のように腹を固めたという。

「本人たちの希望ではなく政府、国としての判断として五人を日本にとどめ置く、と決断した」[40]　〔傍点引用者〕

無論、当時の情勢がきわめてデリケートな性質をはらんでいたことは疑いを容れない。帰国した被害者の意思表明、さらには意思形成そのものが深刻な圧迫を受けていた。問題は、そうした揺らぎを契機として、国民の個人的意思を超越した「国家の意思」が実際に出現してしまったことにある。拉致被害者たちを帰すにしても、逆に帰さないにしても、いずれの決断ももはや個人の決断ではあり得ず、国家の決定として現れざるを得ない状況が出現した。言い換えれば、極度に複雑な状況のために個人が自らの意思を決定・表明できないという「例外状態」（カール・シュミット）[41]が現出し、「例外状態に関して決断を下す者」というシュミットによる主権者の定義が適合する状況が、出現したのである。

　このときに、一面では「戦後」は終わりを告げた、とわれわれは理解するべきである。なぜならば、「例外状態」とは取りも直さず（少なくとも潜在的な）戦争状態を意味するからである。「本人たちの希望ではなく政府、国としての判断」が優先される状態とは、自由民主主義レジームにおける「平時」のそれではない。かくして、北朝鮮問題は、日朝間の「戦後」を一挙に飛び越して「戦後の終わりの始まり」へと日本社会を移行させる契機となった。

　思えば、北朝鮮問題への日本の対応、日朝国交正常化の試みは、戦後日本外交にとっても一大画期をなす企てであった。ある意味でそれは、日中国交正常化よりも重大な決断であった。というのも、日中国交正常化は、米国が台湾を切って中国との国交樹立に向かうというニクソン・ショック（一九七二年）を受けて、これに追随するかたちで行なわれたのに対し、日朝交渉は、米朝の接近が全くないという状況において企てられたからである（むしろ、訪朝後の小泉はブッシュ大統領に米朝対話を勧めたのであるから、日本が米国を先導しようとしたという側面さえ持つ）。言うなれば、それは日本にとって戦後初めての「自主外交」の試みであった。このことが日本社会に対して持った意味合いについて、船橋洋一は次のように述べている。

人々は、米国にもまったく諮《はか》らず、電撃的な訪朝を宣言する小泉のパフォーマンスに小気味よさを感じた。その姿は、米国に対する自主外交、さらには米国からの独立を試みるリーダーシップ像と映った。

拉致に怒りながらも、なぜ、大多数の日本の国民がこの間、一貫して日朝正常化を支持したのか。おそらくその答えのある部分は、小泉の対米自主外交のスタイルにあったかもしれない。[42]

この見解は、北朝鮮問題を契機として現れた日本人の無意識の構造に迫るものである。これに続けて、船橋は、この小泉外交が「日本とは何か」という国民のアイデンティティへの問いに火をつけたと述べている。だが、この「アイデンティティへの問い」とは、より正確に言えば、「戦後とは何か」という問題なのである。なぜなら、小泉政権の対北朝鮮外交が終わらせたのは、いま述べたように「戦後」にほかならないからだ。

ではそのとき、なぜ拉致問題が圧倒的に重要視されなければならなかったのか。船橋は次のようにも述べている。

拉致問題は、引き裂かれた同胞の分身を取り戻す「日本回復」政治の象徴となった。

そこには、「われわれもまた被害者なのだ」という被害者意識がにじんだ。戦後一貫して、加害者呼ばわりされてきた国民にとってそれはある種のカタルシス効果をも伴っただろう。[43]

留意しておかねばならないのは、「永続敗戦」レジームを維持したまま、小泉外交は「ポスト戦後」へと踏み出した、ということである。そうであるがゆえに、「戦後」という日本人にとっての歴史のトンネルは、自らが文句なしの被害者の立場に立ちうる機会を得てはじめて、脱け出すことのできるものとして現れた。つまりここでもまた、「永続敗戦」の根幹をなす「敗戦の否認」の構造がはっきりと姿を現している。「加害者呼ばわり＝敗戦」であるとすれば、拉致問題がもたらした加害者から被害者への転身は、敗戦に対する思う存分の否認を可能にした。それが、船橋の言う「カタルシス」の正体である。

そもそも「戦後」とは要するに、敗戦後の日本が敗戦の事実を無意識の彼方へと隠蔽しつつ、戦前の権力構造を相当程度温存したまま、近隣諸国との友好関係を上辺で取り繕いながら――言い換えれば、それをカネで買いながら――、「平和と繁栄」を享受してきた時代であった。この状態を承服しなかった唯一の近隣国が北朝鮮にほかならなかった。実に彼らは、日本人をほとんど闇雲に拉致するというかたちで「戦争」を継続してきたのである。そしてその果てに彼らは、「植民地支配＝謝罪＋経済援助＋拉致被害」という定式による等価交換を要求してきた。この等式は、日韓間における「植民地支配＝経済援助」（日韓基本条約）、日中間における「侵略行為＝謝罪＋経済援助」（日中共同声明）のいずれとも異なるものであった。

日本社会は、戦後初めて直面したこの等式を受け容れることを拒絶した。それは、この等式の受け容れが日本の加害者としての責任を新たに認めることを意味するからである。等式のなかに「拉致被害」を含めてしまうならば、それは「平和」が本当はもたらされていなかったこと、言い換えれば、日本にとって負け戦である戦争の継続とその帰結を新たに認めることとなる。無論、北朝鮮によるやり方は卑劣である。なぜならそれは、相手の敗北が確定していることを前提として戦争を継続する行為であったからだ。この一方的な戦争継続を止めさせるには、日本はいち早く敗戦の事実との再度の向き合いを行なわねばならなかった。しかし、それは「永続敗戦」の構造、「敗戦の否認」を基幹とする体制にとって難事であるほかなかった。

仮に拉致事件被害者のなかに北朝鮮でまだ存命の人々がいるとすれば、この人々の帰国を実現する最も有力な手段としては、日本側からの経済援助の約束を水面下で積み増すことが挙げられるだろう。こうした「筋の通らない」手法はいまとなってはすこぶる評判が悪いが、近隣諸国との上辺での友好関係をカネで買ってきた戦後日本にとっては、実は「王道を行く」手法にほかならない。ただし、この件に関しては、「カネで被害者を黙らせる」という従来の図式ではなく、「カネで自らの被害を軽減してもらう」という日本にとってより厳しい図式となるわけである。

しかし、日本は先に見た「優先順位の変更」によってまず「カネによる解決」を拒絶し、さらに北朝鮮の政策が核・ミサイル問題を含めて強硬一辺倒へと傾斜した今日、いまや「カネによる解決」的な政策の実行は非常に困難となった。北朝鮮問題において、戦後日本は、「筋を通す」ことを優先して——先に指摘したように、平壌宣言を正式に破棄しなければ「筋を通した」とは本当には言えないのであるが――「カネで解決できない問題」に国家レベルで初めて直面することを選んだのであり、[44] その意味でも拉致問題は「戦後を終わらせた」と言いうる。また、強硬派の政治家たちが大衆的人気を博する理由もここに見出せるであろう。彼らの姿勢は、「カネによる解決」を策動する政治家よりも「筋の通った」「純真」なものと映るからである。しかしながら、ここで肝銘されるべきは、自らが被害者になったときにのみ「筋を通し」、加害者の立場のときには「カネで解決する」という姿勢は、ダブルスタンダードにすぎない、ということである。

　かくして、われわれは逆説をはらんだ両義的な歴史的時点に立っている。拉致問題の露呈が「戦後」を事実上終わらせている一方で、「植民地支配＝謝罪＋経済援助＋拉致被害」という定式の拒絶は「戦後」が依然として継続していることを意味している。なぜなら、この定式の受け容れは、敗戦の代償をあらゆる手段をもって最小化する（対米関係を除き）という「戦後」の国是を揺るがせるからである。この拒絶が、保守政治家のなかでも戦前との連続性を最も色濃くはらんでいる――それゆえ逆説的にも大変に「戦後」的でもある――政治家（安倍晋三）によって主導された必然性はそこにある。

そして二〇一三年二月に、次のようなニュースが入ってきた。

安倍晋三首相は一五日、自民党本部で開かれた憲法改正推進本部（保利耕輔本部長）の会合で講演し、北朝鮮による拉致被害者の横田めぐみさんを引き合いに出して「こういう憲法でなければ、横田めぐみさんを守れたかもしれない」と改憲の必要性を訴えた。（中略）

出席者によると、首相は「日本は拉致犯の存在を知りながら手を打てず、拉致被害の拡大を許した」と言及。一九七七年に旧西独のルフトハンザ機がテロリストにハイジャックされた事件に触れ、「西ドイツは実行犯を射殺して人質を奪還し、世界から喝采された。西ドイツは何度も憲法改正をしてきたからできた」と強調したという。[45]

安倍首相の発言の非論理性・無根拠性は、悲惨の一語に尽きる。なぜ憲法第九条がなければ拉致被害を防ぐことができたと言えるのか、そこには一片の根拠もない。現に、中国や韓国は「平和憲法」を持っていないが（韓国に至っては準戦争状態にありながら）、拉致被害の発生を防ぐことはできなかった。この発言の無根拠性を自ら意識していないのだとすれば、首相の知性は重大な欠陥を抱えていると判断するほかない。逆にそれを承知でこうした発言を行なっているのだとすれば、首相の「拉致問題解決への意欲」と評されてきた姿勢の本質は、被害者の救済を目指すものではなくこの問題の政治利用にこそある、とみなさざるを得ない。言うまでもなく、こうした姿勢は、拉致被害者とその関係者に対する侮辱にほかならない。そして、その「政治利用」の意図は、平和憲法の改定によって敗戦のトラウマを払拭すること、言い換えれば、「敗戦の否認」をやり遂げることである。これが実現されるとき、「戦後」は「清算」されると同時に「完成」する。

かくして、安倍のような政治家にとって、北朝鮮による拉致事件は、永続敗戦レジームを維持・強化するための格好のネタとして取り扱われている。この事件は、その衝撃の強さゆえに「戦後の終わりの始まり」を、その強烈な両義性とともに到来させた。以上のことから、われわれの立っている「両義的な歴史的時点」とは、具体的には次のようなものとしてとらえうるだろう。すなわち一方で、潜在的な戦争状態の露呈によって、「戦後」は確かに終わった。ところが他方で、「戦後」を事実上終わらせることにおいて、「戦後」の本質が継続されることを最も強く願い、またそれを体現する人物・勢力が相も変わらず権力の枢要に位置しているのである。「戦後」は実質的に終わりながら、それはさらに際限なく永続しようとしている。しかしながら、「戦後の終わり」は疑いなくすでに始まっている。それはとどめようのない歴史の流れである。してみれば、問題は、われわれが主体的にそれを終わらせるのか、それとも外からの力によって「強制終了」させられるのか、ということにほかならない。

第三章

戦後の「国体」としての永続敗戦

第一節　アメリカの影

ここまで何ヵ所かにおいて、米国について短く言及してきた。日米関係こそが永続敗戦の構造の主たる柱を成していることはあらためて指摘するまでもない。日本社会が敗戦の意味を比較的速やかに忘却可能となったことによって成り立った永続敗戦の根本構造は、戦後処理・占領改革・戦争犯罪者の処罰・日米安保体制の確立・経済復興の促進・沖縄の軍事要塞化といった第二次世界大戦後の米国の対日政策に直接・間接に関わっている。そして、永続敗戦の構造は、冷戦構造の成立によって確固たるものとされた。この国際秩序において、日本にとっては米国を後見人とすることは自明の選択であったし、また米国にとっても、本音では不満があろうとも日本をアジアにおける最重要パートナーとして位置づけることは不可避であった。そして、冷戦構造の崩壊後、こうした必然性は消滅したにもかかわらず、米国のアジアにおける政治的・軍事的プレゼンスが減じることはなかった。その結果、第二章で論じた日本の対アジア諸国との関係をめぐる問題においても、「米国の出方」は現実に強い影響力を持っている。さらに言えば、これらの典型的に政治的な次元においてのみならず、戦後日本にとっての米国は「特別な他者」であった。すなわち、「アメリカ的なるもの」の洪水のごとき流入は、国民生活のあらゆる領域に影響を与えたが、その影響はあまりに巨大であったために、われわれがこれまでどのような影響を受けてきたのかをほとんど意識できないほどである。

ゆえに、永続敗戦というテーマを論じるにあたって日米関係を主題的に論じなければならないのは不可避的であるのだが、本書で本格的な日米関係論を展開することは当然できない。本書で試みられるのは、日米関係について政治の側面から考える際の問題の所在を明らかにすることにとどまる。

「反米か親米か」という罠

戦後の日米関係の本質が日本の対米従属——特に軍事的な——にあることは、自明の事柄に属しよう。だが、そこでの問題は、米国の日本に対する圧力や帝国主義的意図といった事柄ではない。米国が自国の国益を第一義的に追求し、ときに帝国主義的でさえあるような振る舞いをすることは、全く自明の事柄である。これらの事柄は国家がその本性上含んでいる悪、強権性の現れである以上、それのみを道徳的に批判したところでほとんど無意味である。このことは、いわゆる反米感情というものが素朴なものである限り、それは意義を持たないということを意味する。それは、人畜無害であると言い換えてもよい。否むしろ、今日まで大勢において親米的であり続けてきた日本社会が今後徐々に反米の傾向を醸成してゆくこととなったとしても、それが情緒的なものにとどまる限りでは、反米感情は日本社会が内在的に抱えている病巣を直視しないための格好の口実として機能することとなる。

例えば、今日に至るまで、占領軍の対日政策、すなわち、主な論点としては戦争責任追及（東京裁判）、戦後憲法の制定、天皇制の存続、土地改革（＝農地解放）、経済改革、民主化、「逆コース」といった政策の歴史過程と評価をめぐって、膨大な言葉が紡ぎ出され、議論が戦わされてきた。特に東京裁判、平和憲法、天皇制の三点に限って言えば、左右の論陣の主張は概ね以下のごときものである。すなわち、右派に言わせれば、東京裁判は「勝者の裁き」であって不当、平和憲法は押しつけ、天皇制の存続はマッカーサーが昭和天皇の「無私の精神」に感激したためであって当然、ということになる。これに対して左派は、東京裁判は基本的に対英米戦における「罪」を追及したものにすぎず不徹底、平和憲法は世界史の大道を先駆的に体現したものであり護られるべき、天皇の責任追及の放棄は戦後民主化改革の不完全さの端緒である、と主張してきた。

ここで問題なのは、個々の論点における両陣営による評価の妥当性ではない。問題は、多くの場合において、これらの論点をめぐる議論が「評価」のかたちをとったことそれ自体、つまり議論が道徳の言語によって行なわれてきたところにある。わかりやすく言えば、「米国が日本に対してしたことは善いことだったのか、それとも悪いことだったのか」を判断するために、多くの議論がなされてきたのである。そして、このことは、親米ないし反米の感情の醸成に当然結びつく。対日占領政策の評価を行なうことを目的として占領期の研究に社会的関心が集まり、今日に至るまで膨大な記録の蓄積がなされてきたことは間違いない。しかし、こうした道徳的評価という議論の構えは、根本的な事実を見落としかねないものである。それは、国家なるものは本質的に決して道徳的ではあり得ない、という事実である。

この点について、例えば、先にも触れた江藤淳は自覚的であった。江藤は、占領軍の検閲の問題を執拗に論じながら、その非難の矛先は、検閲を実行した米国ではなく、検閲システムの存在に無自覚なまま「戦後民主主義」を支持した者たちに向けられていた。これは一見、奇妙で党派的な振る舞いであるようにわれわれの目に映る。それは譬《たと》えるなら、詐欺事件が発覚したときに加害者よりも被害者のほうがより厳しく責められるべきとする主張であるように見えるし、保守派の旗印にこだわるあまり常識的な道徳感覚を見失って敵陣営(戦後民主主義者・進歩派)への不当な攻撃に及んでいるようにも見える。しかし、それは政治的には不当ではない。なぜなら、どのような国家であれ、国家が本来的な意味での正義を体現することなどないからである。国家はその本性からして悪をはらみ、他国や他国民を手段化するものである以上、その政策が進歩なり正義なりを根本的に条件づけることなどあり得ない。したがって、検閲によって統制されたかたちで始まった戦後民主主義が、正義の基礎、戦後日本の思想的基盤であることなどあり得ない。これが、戦後民主改革に希望の根拠を見出した人々に対して江藤の放った批判の核心であった。

江藤の議論のスタンスを敷衍《ふえん》して言えば、米国による戦後対日政策の善し悪しを道徳的見地から論じること自体が無意味なのである。それは、道義でも善意でも悪意でもなく、米国の国益追求と国内事情によって徹頭徹尾規定されていた。

例えば、戦後日本で長らく熾烈な論争の対象となってきた問題として、昭和天皇の戦争責任の問題がある。戦争終結後の米国内には天皇の戦争責任を厳しく追及すべきという意見もあったが、結果的に訴追はなく、退位もなく、象徴天皇制への移行ということで片はつけられた。要するに天皇の戦争責任はほとんど不問とされたわけだが、このようにすでに結果が出ている上で天皇の政治的な戦争責任の「本当の」有無を「論証」しようとする行為は、政治的には無意味であり空しい。それはどちらの立場に立つとしても「論証」できるからであり、現に多くの論者がそれを行なってきた。しかし、日本人の立場からどういう論理や見解に基づいて「論証」がなされようが、結局のところ、天皇の免罪は米国側の都合によって決定された事柄にほかならない。これもまたすでに明らかにされているように、天皇の地位に対して劇的な変更を加えることが米国による対日占領政策の妨げになると判断されたがゆえに、訴追も退位の勧奨も実行しないと決定されたのである。

仮に、米国側が天皇の戦争責任を追及したほうが占領政策の遂行にとって有利であると判断していたら、あるいは責任追及を要求する米国内の政治勢力がより強力で持続的な主張を展開し、その圧力を斥《しりぞ》けることができなくなったとすれば、天皇に対するマッカーサーの対応は全く別物となったであろう。要するに、占領軍は、天皇の戦争責任の「本当の」有無を検討することに基づいて対応を決定したのではない。そのようなものがいかようにも論証可能であることは、その後の日本社会における膨大な議論が皮肉にも示している。かくして、昭和天皇の戦争責任を問わなかった米国の政策が「善かったか悪かったか」という道徳的な問い自体が、無意味なのである。国家の政策は、ましてや外国に対する占領政策は、道徳とは根本的に無縁である。

戦後日本では、保守が親米的であり、革新が反米的であるという傾向が、冷戦構造にも影響されるかたちで長らく顕著に続いてきた。冷戦構造における親米か親ソかというファクターを除いてみた場合、この親米・反米感情の起源のひとつは天皇に対する米国の取り扱いに対する評価に求められよう。つまり、保守・右派にとって、日本国民が持つ天皇への絶大なる愛着（この愛着は、「本当は平和愛好者だった昭和天皇を誰が憎めようか！」という物語によって支えられる）を理解し共感を抱いた米国は道義的に「善い」ものと評価され、他方革新・左派にとって、天皇を傀儡《かいらい》として間接統治のための便利な道具として利用した米国は道義的に「悪い」ものと評価されるのである。しかし、すでに述べたように、こうした評価という行為自体が政治的には無意味であり、この評価に基づく親米ないし反米という態度もまた無意味なのだ。ある国家が他国を手段として扱うことは、国家の論理においては全く当然の行為である。したがって、次のように整理可能である。すなわち、占領軍の「天皇への敬愛」が単なる打算にすぎないことを理解できないのが戦後日本の保守であり、このことを理解はしても「米国の打算」が国家の当然の行為にすぎないことを理解しないのが戦後日本の左派である。言うなれば、前者は絶対的にナイーヴであり、後者は相対的にナイーヴである。

ちなみに、天皇の戦争責任をめぐる左右のこうした構図は、憲法第九条に対する見解においては、鏡像反転したかたちで現れる。周知のように、右派は憲法第九条を戦後日本にとっての最大の桎梏《しっこく》とみなし、護憲左派はこれを対日占領政策のうち最も高く評価すべきものに数える。こと憲法問題に限っては、親米右派は大好きなアメリカからの貰い物をひどく嫌っており、反米左派は珍しくこの点だけについてはメイド・イン・USAを愛してやまない。

記憶しておくべきは、先にも触れたように、護憲左派の言うところの「世界に冠たる平和憲法」は、「原子力的な日光の中でひなたぼっこをしていましたよ」（GHQホイットニー准将）という強烈な脅し文句とともに突きつけられた[1]、という事実である。戦後憲法のなかに「ニューディーラー左派」官僚たちの純真な理想主義が盛り込まれていたことは確かではあるが、その理想は、日本が二度と再び米国にとっての軍事的脅威となり得ないようにするという米国のむき出しの国益追求、ならびに米国以外の日本周辺諸国の日本に対する容易には拭いがたい恐怖と嫌悪の感情を柔らげるという政治的意図と結びつくことによってはじめて、現実化されたものであった。さらに言えば、第九条以外の新憲法の特徴、すなわち基本的人権の尊重や言論・集会の自由等々の自由主義的諸条項は、特にニューディーラー左派でなくとも、平均的な米国の行政官・法律家の大半が書き込むことのできた事柄であったはずである。ところが、護憲左派は米国のこの政治的計算を差し引いて平和憲法を美化することにより「一国平和主義」を事実上肯定してきた。他方で、改憲を主張する右派は、このパワー・ポリティクスの歴史過程を理解しているとしても、果たして自らの政治勢力が「一国平和主義」と揶揄《やゆ》されるもの以上の何かを国際的視線に堪えうるものとして体現できるのか、真剣に検討してこなかったし、することもできない。この点については後に触れるが、日本の永続敗戦レジームの中核をなす政治勢力は、この問題に危機的なかたちで遠からず直面することを迫られるであろう。つまり、新憲法制定において米国がとった政策に戦後日本の道義の根本を見出す（左派）、あるいはその反対に戦後日本の頽廃《たいはい》の根本を見出す（右派）視線のいずれもが、欺瞞を抱え込まざるを得ない。

以上のように、日米関係において米国側の道義の有無を問う議論は、根本的に空しい。しかし、そうした議論の趨勢が何の機能をも果たさなかったわけではない。否むしろ、それが果たしてきた機能は小さいものではなかった。なぜなら、戦後の日米関係を考察する際に、あれこれの米国の政策の道徳的価値を云々している限り、われわれの側の問題を棚上げしておくことができるからである。ゆえに、「親米か反米か」という問題設定は、斥けられるべき偽の問いにほかならない。問題は、われわれの側に、永続敗戦の構造をつくりあげてしまった日本社会のうちに存在するのである。

ゆえに問題は、日本が政治的・経済的・軍事的な対米従属を強いられているとして、その責はわれわれの国家・社会の側にある、ということを徹底的に自覚することにある。

従属構造の現況

現在の日米関係において表面化しつつある懸念要素は、大きく言って二つある。

ひとつには、TPP問題に代表される経済戦争の新形態の展開である。一九七〇年代から衰退を露呈し始めた米国経済は、新自由主義の導入と経済システム全体の金融バブル経済化、そして旧共産主義圏の市場のこじ開け・統合によって延命を図ってきた。しかし、こうした努力も利潤率の傾向的低下、経済成長の鈍化を食い止めることはできず、限界に逢着したことを示すのが、二〇〇八年のリーマン・ショックであった[2]。米国のTPP戦略は、この窮状からの脱出を目指す戦略のひとつである。多数の識者が指摘するように、保険・医療・金融・農業といった諸分野における米国主導のルール設定と日本市場の獲得という、米国による露骨な帝国主義的策動がTPPの枠組みに含まれている恐れは十分に存在する。ナオミ・クラインの『ショック・ドクトリン』やデヴィッド・ハーヴェイの諸著作（『新自由主義』が代表的）が明らかにしているように、低成長を運命づけられている新自由主義体制のなかでは、ゼロサム・ゲームを前提としたパイの奪い合い（その手段には物理的暴力の行使も含まれる）が起こるほかない。そこにおいては、「身内」（＝同盟諸国の住民）から奪うという行為も当然選択肢のなかに含まれてくる。まして、冷戦崩壊以降、米国にとっての日本は無条件的な同盟者ではあり得ない。

こうした趨勢の一環としてＴＰＰの問題をとらえることは議論の前提とされなければならないが、ＴＰＰに関連する短期的に最も重要な問題を指摘しておくならば、原子力問題と絡んだ天然ガスの問題が挙げられる。二〇一二年一月一五日付『日本経済新聞』にいわく、「米政府は原則、自由貿易協定（ＦＴＡ）締結国に限りＬＮＧ輸出を認めており、日本の環太平洋経済連携協定（ＴＰＰ）への参加はこの点でも利点が大きい」。言うまでもなく、原子力発電所の稼働が困難な情勢下では天然ガスによる火力発電への依存を当面高めざるを得ない。こうした背景を踏まえ、天然ガスは、米国にとって、日本をＴＰＰに否応なく参加させるための最大の切り札として位置づけられていると思われる。

それでは、こうした情勢に対して、日本の政財界はどのような姿勢を取っているだろうか。例えば、日本資本主義において最重要の産業のひとつである自動車産業の指導層の振る舞いは、ほとんど戯画的とも言える印象を与える。日本自動車工業会は日本のＴＰＰ参加を声高に唱導する一大勢力であり、二〇一一年一一月に野田総理（当時）が参加交渉に取り組む基本方針を発表すると、これを全面歓迎した。ところが、こうした日本側の前向きの姿勢が公式発表されるや否や、米側から飛び出してきたのは、「日本の軽自動車規格は参入障壁であるから廃止せよ」という完全な言い掛かりであった。[3] 日本における自動車の輸入関税はゼロであり、市場が閉鎖的であるとの批判は全くあたらない。現にドイツ車はその高額さにもかかわらず日本市場でよく売れており、米国車のシェアが低いのはその品質・デザインといった要素に原因が求められることは明らかである。米国のメーカーが軽自動車を開発しようとしても、ノウハウの欠如ゆえに上手くゆくはずがないのはやらずともわかることであり、それゆえ彼らは「軽自動車という規格自体が公正でないのだ」、言い換えれば「われわれが上手くつくれないものはその規格が間違っているのだ」という無茶苦茶な理屈を考え出したわけである。さすがにこの要求は二〇一二年二月に取り下げられたものの、[4] こうした無理無体が公に表明されること自体が、ＴＰＰの本質を物語るものであろう。

それでは、ＴＰＰの本質とは何であるのか。推進勢力が掲げている「ＴＰＰは自由貿易を推進するものであり、それは経済のブロック化が第二次世界大戦を惹き起こしたことの反省に立つものである」という過去の想起・参照に基づくスローガンは、無知に基づくか、あるいは不誠実なレトリックの類である。なぜなら、今日日本を含む多くの諸国で、ほとんどの製品の関税はゼロであるかゼロに近いのであり、古典的な意味での自由貿易はすでに実現されているからである。

したがって、TPPが標的とするのは、関税ではなく「非関税障壁」と呼ばれるものにほかならない。つまり、それは、各国の独自の商慣行であったり、独自の安全基準、独自の税制規則、独自の製品規格といった事柄である。「非関税障壁」をひとつの概念としてとらえた場合、それは「よそ者」にとって市場参入のハードルとなるあらゆる制度・慣行を含みうる。TPP推進勢力が「障壁」(邪魔なもの)と呼ぶさまざまな「ローカル・ルール」は、各国の伝統的習慣や価値観、国土の地理的条件、国民生活の安全への配慮といった合理的な動機によって定められている。それらの動機のうち、市場の閉鎖性を維持することによって生ずる独占利潤を特定の資本が確保したいという経済学的に見て不合理な動機が含まれている場合もあることは、確かではある。だが、多くの場合、合理的な動機と市場独占への欲求をきれいに切り分けることなどできはしない。多くの「障壁」は、両方の動機によって支えられ、かつ両方の機能を果たしているのであって、したがって経済学的に不合理なものを排除することは、合理的な「障壁」をも破壊することになる。それにもかかわらず、あらゆる「障壁」を全面的に不合理なものとして一面的に断罪することによって、それらを根こそぎ取り払い、一元的な「グローバル・ルール」を設定し、それを強制しようという企みがいま進行しているわけである。金融機関に関しては、ＢＩＳ規制の導入によって（日本では一九九三年から適用）すでに部分的にこうした流れがはっきりと現れている。[5] つまり、自らにとって最も有利な「ゲームのルール」を設定し、市場の独占を目指すことが、現代の「自由貿易」が意味する事柄にほかならない。

　右のような「自由貿易」化を示す典型事例として、遺伝子組み換え作物の問題がある。ＴＰＰの実現によって「遺伝子組み換え作物の表示義務」の撤廃を盛んに働き掛けているのは、同作物の生産において圧倒的なシェア（九〇パーセント）を誇るモンサント社（米ミズーリ州）である。同社は、過去にはベトナム戦争時に枯葉剤を開発したことでも悪名高いが、今日では「種子の独占」を謀る企業として世界的な非難にさらされている。すなわち、同社は、自社が開発した遺伝子組み換え種子に知的所有権を掛け、農民が自らの収穫のなかから保存した種子を翌年播種する行為を禁じた。さらにモンサントは、ご丁寧にも「ターミネーター種子」を開発し、農家が自家採取した種子の播種を物理的に封じようとしている。「ターミネーター種子」とは、遺伝子組み換えによって種子が発芽しないよう作為的に改造された種子であり、その狙いは農家がモンサントから毎年種子を買い続けなければならない状態に追い込むことにある。

経団連がTPP参加推進を声高に主張している現況に関して、ネット上を中心に、「経団連がTPPを推すのは、会長（二〇一三年当時）の出身企業が住友化学であり、住友化学はモンサントの日本におけるパートナー企業であるからだ」という見解が盛んに語られている。この命題は、あまりに陰謀論的である。いやしくも一国の産業界のリーダーともあろう者が、かくも部分的な利益の追求のために悪魔の手先のごとき振る舞いをするのか、という疑問が当然湧いてくる。しかしながら、福島原発事故を経験したわれわれにとって、「まさか」はもはやあり得ない。

そしてここでも、問題は「アメリカが悪い」ことではない。なぜなら、われわれはモンサントがどのような企業であるのか、十分に知ることができるからだ。軽自動車の廃止にせよ、遺伝子組み換え種子の大々的導入にせよ、米国の国益追求がそれを押し通そうと命じるのは、当然である。問題は、それを進んで受け容れ、あまつさえ積極的に手引きしようとする知的にも道義的にも低劣な人々がいること、そして彼らが指導的地位を占めていることにほかならない。

もうひとつの懸念要素は、安全保障問題である。より正確に言えば、米国の世界戦略における日本の利用方法をめぐる問題である。第二章で見たように、日本の領土問題にはすべて米国の過去と現在の対日戦略が関係しており、今日的問題としては、仮に尖閣諸島において日中軍事衝突が起きた場合に米国がどのように振る舞うのか、ということが最重要の問題として立ち現れている。もっと言えば、これも先に指摘したように、尖閣諸島の一部を米国は軍事施設として借り上げているのだから、本来的にはこの騒動にすでに巻き込まれているのである。それにもかかわらず、尖閣諸島の帰属について米国は「中立」である。言うなれば、米国は「誰のものだかわからない」ものを平気で借りているという状態にある。

こうした態度は、豊下楢彦が言うように、典型的な「オフショア・バランシング」の戦略に基づいている。オフショア・バランシングとは、「単純化して言えば、海の向こうにAという強大な勢力が出てくる場合に、同じ海の向こうにBという別の勢力を擁して支援を与え、AとBとの間で緊張関係を高めさせ、自らは海のこちら側で安全を確保するという戦略である」[6]。米国から見れば、中国の台頭、その政治的プレゼンスの巨大化は抑えがたいものとなりつつあり、これを単独で抑制するためのコスト負担にはとても耐えられない。また、中国と日本とが接近・協同して、米国中心の世界秩序への挑戦を企てることこそ、最悪の構図であり避けられるべきである。したがって、日中の関係に一定の楔《くさび》を打ち込んでおくこと、その関係が決して親密にならないよう火種を残しておくことが、重要な戦略であり、軍産複合体の利益にもかなう。そして、同様の構図は、日韓・日露間の関係に対しても多かれ少なかれあてはまる。もちろん、こうした戦略は、冷戦時代にも見られた。第二章で見た北方領土をめぐる「ダレスの恫喝」などは、その典型である。ただし、冷戦時代と現代で大きく異なるのは、ボーダレス経済化によって潜在的な敵対国であっても経済関係の緊密化は避けられず、そのためにコンフリクトの種は容易に増大しうること、言い換えれば、「嫌いな相手とは付き合いを避ける」という選択はとれない、という事情である。ゆえに、米国が弄する戦略のもたらす帰結は、冷戦時代に比べて、はるかに危険なものとなりうる。

ここで繰り返さなければならないが、こうした事柄はわかり切っている。オフショア・バランシングは卑劣な意図に基づく帝国主義的政策であると難じることには、どうしようもない空しさが付きまとう。国家とはそのようなものである、としか言いようがない。ここでも問題は、「日米同盟の強化」のマントラを唱え続け、対米従属の無限化を自ら嬉々として推し進める勢力がこの社会を支配している、特に外交・安全保障の世界についてはとりわけ権力を独占しているという日本の側の問題なのである。

永続敗戦という構造の中核に位置するこの勢力が持つ世界観の歪みは、いまやほとんど狂気の域に接近している。豊下楢彦は、八〇年代の日米関係において重要な役割を果たした元外交官・中島敏次郎の言葉を紹介している。「日本外交の達成目標を何であると認識していたか」という質問に対し、この人物は「やはり日米関係のゆるぎない紐帯だと思っております」[7]と答えたという。これが日本社会のエリートを代表する言葉であるという事実に、戦後日本の病理が凝縮されている。質問者は、「達成目標」を聞いているのに対し、その答えは「日米基軸」であるという。答えになっていない。本来、論理の初歩として、達成すべき外交目標があり、日米基軸は目標達成のための手段である。このようなあまりに自明な事柄に彼らは気づくことができない。これはまさに手段と目的の取り違え、手段の自己目的化にほかならない。「だからこそ、日本外交の目標を問われて「日米基軸」としか答えられないことが〝異様〟であるという認識それ自体が失われてしまい、ただひたすら日米関係を損なわないように行動することが日米外交最大の課題として位置づけられてきた」と豊下は評している。あるいは、第二次安倍内閣において内閣官房参与（二〇一四年一月から国家安全保障局長　兼内閣特別顧問）に任命された元外務事務次官の谷内《やち》正太郎に至っては、米日の関係を「騎士と馬」に擬《なぞら》えている。[8] ここまで来ると、彼らの姿はSF小説『家畜人ヤプー』のなかの「ヤプー＝日本人」そのものである。[9] この作中世界において、完全に家畜化され白人信仰を植えつけられた日本人は、生ける便器へと肉体改造され、白人の排泄物を嬉々として飲み込み、排泄器官を口で清めるのである。

「アメリカを背中に乗せて走る馬になりたい」と考える人々が倒錯者ではないとすれば、こうした自己盲目化には当事者にとってより実際的な利点があることを指摘しておかなければならない。それは、永続敗戦の構造を維持できるということであり、この構造によって成り立っている政官財学メディアの各界に張りめぐらされた利権の構造を維持でき、それに与《あずか》ることができる、ということである。言うまでもなく、この利権の構造は、他面で犠牲の構造にほかならない。ある外務省元高官は、沖縄核密約をめぐる矛盾・欺瞞を問われて自嘲的な調子で次のように答えたという。「何よりも六〇年以来、同じ安保条約に守られている。継続性の問題、それが全てじゃないか」[10]、と。ここには、東京裁判における軍部指導者たちの態度がそのまま反復されている。彼らは、戦争突入に関して「ただ成り行きでそうなった」としか答えられなかった。それと全く同じように、日米外交関係をつくってきた張本人は、沖縄の犠牲化も含め「ただ何となく続いている」と述べる。

したがって、われわれは次のことを認識しなければならない。すなわち、「継続」しているものは、「一九六〇年（安保条約改定の年）以来」どころではない。それは、利権構造や人的系譜のみならず、それよりももっとおぞましく根の深い「何か」である。

「イコール・パートナーシップ」という幻想

当然のことながら、親米保守の陣営にあっても、右のような従属関係を潔しとせず、対米関係における日本の主体化の必要性を強調してきた論者は数多くいる。いわゆる、日米関係における「イコール・パートナーシップ」の主張である。しかもそれは、単なる理念的命題ではない。それは、戦後日本政治のメインストリームの主張である。この標語の提示ということでは、近年では民主党への政権交代（二〇〇九年）においてそれが打ち出されたことが記憶に新しいが、同様のスローガンは六〇年代の池田勇人政権当時から折に触れ幾度も打ち出されている。一九六〇年の安保改定を強行した岸信介も、掲げていた目標は「真の独立」であった。

このように五〇年以上にもわたって同じことが繰り返し言われ続けるということが意味するのは、それが決して実現しないということにほかなるまい。かかる状況は、「非核三原則」「沖縄の核」問題と全く同じようにシニカルである。日本に米国の核兵器は存在しないなどと誰も本気で信じていないにもかかわらず、日本はノーベル平和賞に値する原則を国是としている。同様に、日本が米国の属国にほかならないことを誰もが知りながら、政治家たちは日米の政治的関係は対等である（少なくとも対等なものに近づきつつある）と口先では言う。このことは、一種の精神的ストレスをもたらす。一方で「我が国は立派な主権国家である」と言いながら、それは真っ赤な嘘であることを無意識の水準では熟知しているからである。領土問題に典型的に現れるように、対アジア関係となると「我が国の主権に対する侵害」という観念が異常なる昂奮を惹起《じゃっき》するのはこの精神構造ゆえである。無意識の領域に堆積した不満はアジアに対してぶちまけられる。言うなれば、それは「主権の欲求不満」の解消である。

このように、「イコール・パートナーシップ」という幻想は、「主権の幻想」でもある。だが、ここでそもそも「主権」とは何を意味するのであろうか。それが仮に、自国の安全保障を全く自国の力だけで行なう能力を意味するとすれば、第二次世界大戦を経た後、そのような力を維持し得たのは米ソの二国だけであった（その後、中国もこの能力の獲得を目指して国力の激烈な傾注を実行する)。アントニオ・ネグリとマイケル・ハートが二〇〇〇年に『帝国』を著し、グローバル化の進行する現代世界における主権権力の終焉を論じて話題となったが、こと安全保障に関して言えば、〈帝国〉的状況は冷戦時代においてすでに現れていたのであり、戦前と厳密な意味で同じあり方をしている「主権国家」は、二つの例外を残して消滅したのである。諸国は、両陣営のいずれかに属する限り、主権を実質的に制限されてきたのであって、その意味で国家主権という観念自体が、一九四五年以降、対外的な意味では世界的に擬制と化した。一方の盟主たるソ連のブレジネフ書記長はそのことをあからさまに述べて顰蹙《ひんしゅく》を買ったが(制限主権論)[11]、他方の盟主(=米国)は友人たちの夢をなるべく壊さぬよう黙ってそれを実行したという違いがあるにすぎない。

　戦後の保守勢力が概して「主権の幻想」を抱き続けたなかで、例外に属するのが福田恆存である。福田は「第二次世界大戦後の世界で単独防衛の可能な国は米ソ二国にすぎず、戦後の世界においては戦前のような意味での独立国は存在し得ない」という趣旨の見解を繰り返し提示している。[12] このことは、「イコール・パートナーシップ」なる観念が所詮は御題目にとどまるほかないことを福田が強く自覚していたことを示しており、同系統のイデオローグとみなされやすい江藤淳などとはその認識において根本的に異なっている。江藤が夢想したのは、日本が「押しつけ憲法」を斥けることによって交戦権を回復し、それによって本来的な主権国家たることを通じて米国と「対等な」関係に立つことであった。福田もまた、戦後憲法を常軌を逸したものとして批判するが、同時に、憲法第九条の改定は旧来の意味での主権の回復を意味しないことを、はっきりと見抜いていたのである。

しかしながら、「イコール・パートナーシップ」の観念の効力は、現在に至るまで、強力なものであり続けている。思考停止・自己目的化型の対米従属主義者たちの理性が崩壊していることは先に述べた通りであるが、これに対して批判的な後継者たちもまた、永続敗戦の構造が持つ陥穽《かんせい》から自由ではない。豊田祐基子は次のように述べている。

二〇〇一年九月の米同時多発テロ以降、小泉政権下で日米同盟強化が急速に進むなか、外務・防衛官僚や自衛隊を中心とした〝安全保障サークル〟で繰り返し議論されてきたテーマがある。「日米同盟は手段か目的か」がそれだ。

そこでは、「米国の言いなりじゃないか」と目的論を批判する若手が、「主体的に米戦略に参加することで発言力が高まる」と論じるのが常だ。〝戦略的親米〟

を自認する彼らは、米国の敵が変わるたびに日本が求めに応じて能力や役割を変えてきたことを理解している。それが避けられないなら、敵を先取りして米国を巻き込むという考え方なのだ。

ある海上自衛隊員は「北朝鮮だけでは足りない。急激に軍拡を進める中国に対する包囲網に米国を取り込む。日米関係が揺らいだとき、それが米国をつなぎ留める手段になる」と話した。それは、米国の意思を先取りすることではじめて、自主性を確保できるというねじれた論理である。[13]

ここに登場する自称「戦略的親米」家が展開する論理は実に摩訶不思議なものである。日本が対米従属を深めれば深めるほど、それだけ日本は米国から自立する、と彼らは言っているわけだが、そのような歴史的事実が果たして一度でもあったのか？ 実際には、米国の世界戦略に日本が全面的に付き合わなくて済んだ（その最も顕著な事例はベトナム戦争に参戦しなくて済んだ事実である）のは、「押しつけ憲法」たる平和憲法とソ連のプレゼンスを背景とした社会主義政党の有力さゆえであり、日本の保守勢力が米国に従順であったからではない。歴代の自民党政権が、米国から難題を振り向けられたとき、要求をかわすために平和憲法と社会党の強力さを対米交渉の際の頼みの綱としていたことは、周知の事実である。

自己目的化した対米従属を相も変わらず追求する先輩たちに対して批判的立場をとる彼らの姿には、「新体制」を打ち立てようとした戦前の革新官僚や青年将校を髣髴《ほうふつ》とさせるところがある。そして、戦前の彼らが先行世代を批判しながらも、軍拡――そしてその必然的帰結としての戦争――というさして新しくもない答えしか見出せなかった点において想像力が貧困であったのと非常によく似て、現代の「安全保障サークル」の若手住人も永続敗戦の構造に目を向けようとはしない。「米国の言いなり」どころか「米国の言いそうなことの言いなり」になることによって、日米以外の諸国との関係において何を失うことになるのか（そのような国を一体世界の誰が尊敬するというのだろうか）、彼らは考えもしないのである。日米関係という世界の外の世界は、彼らの想像力の外にあるものと見受けられる。

フセイン、ビン＝ラディン、自民党

先に触れた福田恆存は、「主権の幻想」を一切持っていなかったがゆえに、親米保守派に分類される人士であったにもかかわらず、「日米関係＝世界」という戦後日本の倒錯的世界観から自由であった。ニクソンの訪中とベトナム戦争からの撤退という戦後世界史のターニングポイントを受けて書かれた論考、「日米兩國民に訴へる」において、福田は、親米保守派・反米進歩派の両陣営に共通する前提を指摘する。それはすなわち、米国は半永久的に日本の同盟者であり続けるであろうという、ほとんど無意識にまで浸透した展望である。

それは親米的保守派から見れば、アメリカはどんな事があっても日本を見捨てないという希望的観測から来る安心感であり、反米的進歩派から見れば、アメリカは自己の国益保持の為には、どんな事があっても日本を手離さないという絶望的観測から来る反感であって、いずれにせよ、アメリカは政治的、経済的、軍事的に日本無くしてはやって行けないという「自信」に基づいている。[14]

そして、このような「自信」には何ら根拠がない、と福田は言う。つまり、米国にとっての死活的国益が日米同盟と永遠に結びついたものであり続ける保証などどこにもない、ということである。米国が中華民国を諦めベトナムを諦めたという歴史的時点において、「次は日本かもしれない」と懸念するにはあまりに早すぎた。当時の米国でいわゆる「安保タダ乗り論」が盛んに語られ出したという事情を鑑みたとしても、それは早すぎたのである。しかし、それでもなお、日米同盟は永遠ではあり得ないという福田の認識は論理的に正しい。なぜなら、同盟の維持か破棄かについての米国の判断は、善意でも悪意でも、好意でも嫌悪感でもなく、国益の計算に基づいて究極的には下されるからである。この認識の存在ゆえに、福田は次のような先駆的な推論を提示することができた。朝鮮戦争の結果、半島全体が社会主義陣営に編入されなかったこと、言い換えれば、韓国という国家が存在していることを日本人は必ずしも評価しておらず、朴正《パクチョン》熙《ヒ》政権の強権的統治に対して批判することにも熱心であるという当時の状況について、福田は次のように述べている。

> しかし、新聞で見る限り、遺憾ながら多くの日本人はこれ［朝鮮戦争の結果が日本の防衛に役立ったという命題］に「同意」していない様である。もしそうなら、ここにも調整を必要とする日米間の疎隔があるという事になり、「アメリカは日本を見捨てない」と信じ込み、日米安保条約の只乗を続けながら、自国の防衛線である韓国の「非民主主義的体質」の批判に好い気になっているうち、いつ同じ批判の刃がアメリカ側から吾々自身に向けられて来るか解ったものではないのである。[15]

言うまでもなく、福田の展開した議論には相当な危うさが含まれている。というのは、彼は米側から出てきた「安保タダ乗り論」に対して大いに共感しており、これによれば、日本は韓国がそうしたように米国とともにベトナムで戦うべきであった、ということになるからである。仮にそれが実行された場合、それは日越両国民にとって深刻な傷痕を残すことになったであろう。

しかしながら、それでもなお福田の洞察には鋭いものが含まれている。それはひとつには、日本社会が韓国・朴正熙政権の強権政治に対して批判を加える政治的資格を持っていない、ということである。この認識は、第一章で見たブルース・カミングスの認識、「朝鮮半島がすべて共産化したと仮定した場合には、日本の戦後民主主義が生きつづけられたかどうかも疑わしい」という認識と軌を一にしている。すでに論じたように、日本の戦後民主主義は、冷戦の最前線を韓国・台湾等に担わせることによって生じた地政学的余裕を基盤に擬制として成立可能となったものにすぎなかった。つまり、福田が明らかにしているのは、偶然享受している地政学的余裕に無自覚的に依拠しながら、本来ならば日本がとる可能性のあった政治体制を「非民主主義的」とみなす視線の傲慢さである。かかる視線は、敗戦の意味を忘却することによってのみ成立しうるものにほかならない。ここで言う「敗戦の意味」とは、総力戦に敗北することによって属国化させられるということの本来的な厳しさである。象徴天皇制と同じように、日本の戦後民主主義体制もまた米国の国益追求に親和的なものとして初期設計されたものにすぎず、主体的に選び取ることができたものではない。その意味では、戦後東アジア親米諸国の強権的政治体制と日本の戦後民主主義体制には何ら選ぶところがない。「韓国の「非民主主義的体質」の批判」が「好い気」なものでしかないのは、そこで批判されるべきものとして名指されている対象が鏡に映った自己の「本当の」姿にほかならないからである。

そしてもうひとつ、「いつ同じ批判の刃［＝日本は非民主主義的であるという批判］がアメリカ側から吾々自身に向けられて来るか解ったものではない」という指摘は、現在きわめてアクチュアルな響きを持つものである。なぜなら、ここに書かれていることが、いままさに、永続敗戦の構造が維持不可能性に突きあたっているという歴史的段階において、起ころうとしている。すなわち、「同じ批判の刃」が米国から親米保守勢力に対して向けられようとしているからである。

よく言われるように、戦後日本の親米保守という勢力がはらんでいる根本的なねじれは、概念的に言えば「保守的なるもの」、すなわち「日本固有のもの」が、米国、すなわち「固有のものでないもの」によって支えられているというところにある。これをもっと具体的に言えば、「米国的なるもの」が「戦前的なるもの」に対する原則的な否定・断絶を意味しているにもかかわらず、「保守」が意味するものは「戦前的なるもの」との人脈的および価値観における連続性を含んでおり、両者が曖昧に化合している状態にある。この曖昧さは、次のような自民党結党時（一九五五年）の綱領的文書の一節において典型的に見て取ることができる。

国内の現状を見るに、祖国愛と自主独立の精神は失われ、政治は昏迷を続け、経済は自立になお遠く、民生は不安の域を脱せず、独立体制は未だ十分整わず、加えて独裁を目ざす階級闘争は益々熾烈となりつつある。

思うに、ここに至った一半の原因は、敗戦の初期の占領政策の過誤にある。占領下強調された民主主義、自由主義は新しい日本の指導理念として尊重し擁護すべきであるが、初期の占領政策の方向が、主としてわが国の弱体化に置かれていたため、憲法を始め教育制度その他の諸制度の改革に当り、不当に国家観念と愛国心を抑圧し、また国権を過度に分裂弱化させたものが少なくない。この間隙が新たなる国際情勢の変化と相まち、共産主義及び階級社会主義勢力の乗ずるところとなり、その急激な台頭を許すに至ったのである。[16]

右のように、国内の政治経済的不安定を指摘した後、その原因追求の行方、批判の矛先はほかならぬ米国による対日占領政策へと向けられる。すなわち、「民主主義、自由主義は新しい日本の指導理念として尊重し擁護すべき」とされ「戦前的なるもの」はいったん否定されながらも、「不当に国家観念と愛国心を抑圧し、また国権を過度に分裂弱化させた」と主張することによって、「戦前的なるもの」は部分的にではあれ、肯定されるのである。このように「戦前的なるもの」の肯定と否定は曖昧に共存し、戦後の自民党政治の歴史過程でそれぞれの比重を時により高めたり低めたりしつつ現代に至っているわけである。

重要なのは、自民党がこのように米国の対日占領政策を公然と批判しているにもかかわらず、米国はその結党を支援し、このような本音レベルでの米国批判を今日まで許容してきた、という事実である。当然のことながら、この「許容」には限度がある。すなわち、仮に自民党の「戦前的なるもの」への肯定が「戦後的なるもの」(つまりは米国による対日占領の諸政策)への全般的否定に至るならば、それは到底許容し得ないものとなる。これまでのところ、論理を突き詰めれば「戦後的なるもの」への全面否定につながらざるを得ない問題に関して、米国は容喙《ようかい》することを避けてきた。例えば、その代表的事例は靖国神社問題である。東京裁判によって死刑に値する有罪者とされたA級戦犯が一九七八年以降「神」として祀られている場所に日本の政治家が参拝するという行為は、本来は対アジア諸国との関係においてのみ問題となる事柄ではない。どう理屈づけしようとも、参拝は東京裁判に対する、すなわち米国を筆頭とする全連合国に対する不満の表明というメッセージたらざるを得ない。

現在までのところ、米国はあえて論理を突き詰めることをしてこなかった。しかし、だからといって、今後も同様の姿勢が継続される保証などどこにも存在しない[17]し、「警告」が発せられた重要な出来事もすでに起こっている。保守勢力における「戦前的なるもの」を代表する安倍晋三は、第一次政権時代に歴史認識問題をめぐって、米国の「虎の尾」をすでに踏みかけた、というよりも踏んでしまった。すなわち、二〇〇七年の訪米時に従軍慰安婦問題をめぐる歴史認識を追及され、謝罪と弁明を重ねざるを得なかったのである。[18]さらにこの問題は、現在進行形で尾を引いている。安倍は、二〇一二年に第二次安倍政権を発足させるとともに、従軍慰安婦問題についての河野談話（一九九三年）ならびに植民地支配と侵略についての村山談話（一九九五年）に対する見直し、新見解の提示を打ち出したが、これに対し、米国の有力メディアが機敏な反応を見せて厳しい批判を加えるに至っている。[19] こうした動きが意味するものは明白である。要するに、堪忍袋の緒が切れかけている、「傀儡の分際がツケ上がるな」、というわけである。[20]

こうした事態は、第三者的に突き放した見方をするならば、実に滑稽である。というのは、日本の親米保守勢力の低劣さ、無反省ぶりに米国は驚きあきれて怒りの悲鳴を上げているわけだが、その低劣なる勢力こそ、ほかならぬ米国が育て上げ甘やかしてきた当のものにほかならない。起きつつあることは、米国とサダム・フセインやウサマ・ビン＝ラディンとの間で起こった事柄と本質的に同型なのである。イラン革命政権に対抗させるために肩入れしたフセインは軍事的に巨大化し、米国に刃向かうに至ったため、米国はこれに対して二度の軍事行動を起こすことになった。あるいは、アフガン戦争でソ連を叩くために援助したムスリム義勇軍戦士たちのなかから、ビン＝ラディンのアルカイダは生まれてきた。つまりは、オフショア・バランシングのさまざまな策略の果てに、自らが指名して育てたエージェントが全く価値観を異にする統御不可能な怪物として敵対してくるに至ったわけである。

翻って、日本の親米保守勢力にフセインやビン＝ラディンのような覚悟があるとは到底思えないが、いずれにせよ歴史認識問題の次に来るより一層実際的な問題、すなわち日中の軍事的緊張の問題を米国として放置するわけにはゆかないであろう。その際には、二つの選択肢が考えられる。すなわち、これ以上の甘やかしを断固として止めることによって、日本に対アジア諸国との友好関係構築を強制するか、あるいは甘やかしを維持拡大し、紛争を焚きつけてそれをまたとない武器の商機とするか、という選択である。前者の場合が意味するのは、ついに日本が米国の後ろ盾なしに周辺諸国へと向き合わねばならなくなる日が来る、ということである。逆に、リチャード・アーミテージやマイケル・グリーンといった知日派を名乗る「ジャパン・ハンドラー」たちの政治力が強大化するならば、後者の悪夢そのもののシナリオが選ばれるであろう。いずれの場合にせよ、福田恆存が語っていたように、日本は米国から「見放される」のである。そのときには、日本社会・国民は、永続敗戦の構造、その本質に否応なく向き合わされることになる。

第二節　何が勝利してきたのか

「永続敗戦」という概念によって、日本の現在と近過去をとらえる試みを、本書では展開してきた。「日本は敗戦・侵略・植民地支配の過去に対する反省が不十分である」[21]、あるいは「かつて国家を戦争と破滅へと追いやった勢力の後継者たちが、綿々と権力を独占してきた」といった批判、換言すれば「かつての敗戦の責任をこの国は対外的にも対内的にもほとんど取ってこなかったではないか」という批判は、いままで数限りなく繰り返されてきた。その意味では、本書の議論もこうした戦後日本社会批判の大枠を踏襲するものであり、別段新しい事柄を語ろうとしているわけではない。

ところで、永続敗戦レジームの主役たちの全員がこうした事情に対する認識を一切持ち合わせていない、というわけではない。例えば、石破茂自民党幹事長（当時）は、憲法改正による自衛隊の国軍化と日本を集団的自衛権の行使が可能な国家とすることが自らの政治家としての信念であると語っており、これらが「戦後レジームからの脱却」の具体的内容である、とも述べている。いまのままの彼らがそれを行なうというところにおよそ政治的正統性を見出し得ないことは論じてきた通りであるが、石破はこのことについての自覚がないわけではないと見受けられ、「あの戦争の実態を検証しないまま、集団的自衛権の行使の議論を始めることは」戦死者に対する冒瀆《ぼうとく》である、と言う。その理由を彼は次のように述べている。

　これは私の持論だが、戦後レジームからの脱却は、先の戦争に対する検証なくしては、ありえない。この検証プロジェクトは、安倍総理主導のもと、政府として取組むべきことだと思う。
　終戦後、「一億総懺悔」という言葉が一人歩きし、何となく国民全員が悪かったのだということになったが、これは誤った認識だ。敗戦が明白だったにもかかわらず開戦を決断した当時の指導者たちと、国のために命をささげた兵士の責任が一緒であっていいわけがない。[22]

［傍点引用者］

なるほど正論である。だがしかし、このような歴史の検証が「安倍総理主導のもと」行なわれるというところに、目も眩《くら》むような空想性を感じずにはいられない。河野談話や村山談話を破棄したいという本音を持つ政治家がかかる検証を真っ当に行なうことに較べれば、「ラクダが針の穴を通る」（聖書）ことのほうがまだしも易しいであろう。この「誤った認識」を清算するためには、自民党を再起不能なかたちで破壊する覚悟が必要であるはずだ。その覚悟がない限り、こうした主張は空虚な御題目以上のものではない。そしていま、空言を弄している余裕はない。戦後の全期間を通じて繰り返されてきた批判の古さとは対照的に、この批判を「実現すること」の切迫性は、かつてない仕方で急速に高まっている。というのも、いま生じている事態の新しさは、こうした批判が指摘してきた事柄が、待ったなしの逃げも隠れもできない問題として立ち現れている、というところにあるからだ。

思えば、こうした当たり前の批判に真正面から応えることをせずにこの国はこれまでよくも歴史を刻んでこられたものである。無論、歴史上こうした軌道を修正しうる機会はあった。その代表は、例えば古くは一九六〇年の安保改定反対闘争であったろうし、近くは一九九三年（細川内閣の成立）や二〇〇九年（鳩山由紀夫内閣の成立）に実現した政権交代も部分的にではあれ、そうした可能性を含むものであったろう。しかし、その度ごとに機会は潰《つい》えていった。その結果、「戦後」という時代が、本来ならばその賞味期限がとうの昔に切れているはずであるにもかかわらず、のんべんだらりと続いてきた。一体何が、どのようにして続いてきたのか、そのことが見定められなければならない。

「平和と繁栄」の共犯関係

この継続を可能とした最大の原動力は、戦後日本経済の成功であり、それによって確立された東アジア地域における日本の突出した経済力であった。戦後日本の国是、「平和と繁栄」が相補的なものであったことは、よく言われる、戦後日本が軍事支出を抑制すること（軽武装親米の吉田茂路線）によって豊かさを実現したという点にのみ根拠を求められるべきものではない。今日、「繁栄」が昔日のものとなりつつあるなかで急激に「平和」も脅かされつつあるという事実が示しているのは、社会に根づいたとされてきた「平和」という価値が実際にはどれほど脆弱《ぜいじゃく》なものにすぎなかったのか、ということの証左にほかなるまい。それは、「高邁《こうまい》な理念」が、実のところ戦後日本の経済的勝利、東アジア地域における経済力の突出性に裏づけられていたにすぎなかったことを露呈させている。

かくして、絶対的な平和主義を憲法上規定しながら、アジアでの戦争（朝鮮戦争およびベトナム戦争）を経済発展の好機として利用し、「非核三原則」を国是としながら米国による核の傘の存在を自明的な前提としてきたというシニシズムは、いまその清算を迫られている。そのとき、結局は建前にすぎなかった「平和主義」や「不戦の誓い」と、本音での「好機としての戦争」や「核武装」とのどちらが優勢なものとなるのか、答えは自ずと明らかであるように思われる。

これまで、左派やリベラルは、この欺瞞が解消を迫られるときに一体何が起こるのかという問いを避けてきた。なぜなら、それはあまりに危険な問いであるからだ。つまり、戦後日本社会の権力の中心を占めてきた勢力の本音がどこにあるのか明らかである以上、「平和」を至上価値とする価値観は日本社会に深く根づいたものとみなし、「パンドラの箱」を開いてしまわぬよう、その内実は不問に付されてきた。それを問うてしまえば、必ずや主流派支配勢力の本音の側に向かうかたちでシニシズムが解消されることになるという予感の存在ゆえに、あえてこの問題には触れないほうが得策であるという暗黙の合意が形成されてきたのである。だが、「戦後」の終わりが訪れつつあるいま、かかる擬制はその歴史的内実という真実に直面せざるを得なくなるであろう。この点について、笠井潔は次のように述べている。

対米従属による「平和と繁栄」路線を支持した日本人の多数派もまた、日米安保体制は必要だが、できるだけアメリカの戦争に巻きこまれないようにする保証として、憲法九条に利用価値を認めてきた。国際情勢の変化に応じた解釈改憲はやむをえないにしても、そのつど、できる限り小幅にしたいというのが、（中略）日本人の本音だった。[23]

つまり、日本社会の大勢にとって、「絶対平和主義」は、生命を賭しても守られるべき価値として機能してきたのではなく、それが実利的に見て便利であるがゆえに、奉じられてきたにすぎない。してみれば、米国の世界戦略に適応するかたちで着々と解釈改憲が進行し、対米従属の構造が清算されるどころか深化してきたのは、至極当然の成り行きであった（二〇一四年から一五年にかけての集団的自衛権の行使容認から新安保法制成立に至る政治過程は、当然この流れの延長線上にある）。本来ならば、対米従属を批判する勢力は、こうした実利主義でしかない平和主義を清算しなければならなかった。しかし、永続敗戦の構造の根幹を占める権力があまりにも強固かつ頽落《たいらく》しているがゆえに、それに対する批判者の多くが、安全保障の問題を忌避した。[24]かくして「平和主義は戦後日本社会の中心的価値観として確固たるものとなった」というフィクションは放置され、批判者の勢力は思考停止に陥ったのである。その間にも永続敗戦の構造は永久化され、いままさにその本質を裸のまま露呈させつつあるという事態に逢着している。

思考停止が最も顕著に現れるのは、核兵器をめぐる議論における「唯一の被爆国である日本は……」というクリシェである。このフレーズは、「いかなるかたちでも絶対に核兵器に関わらない」と続くことに決まっている。本来ならば、この言葉は、論理的に見て、二通りの結論を導き出しうる。ひとつは、公的に言われてきた「核兵器を絶対的に拒絶する」というものであるが、いまひとつは、「二度と再び他国から核攻撃されないよう進んで核武装する」というものである。こうした立場設定は、空想的なものではない。例えばイスラエルは、そのような立場を国是としている。同国の国策は、民族絶滅の危機（ホロコースト）の経験から、いかなる手段をもってしても民族の生き残りを達成するという方針に貫かれている。

誤解を招かないよう言っておくが、私は日本が核武装するべきであるとは露《つゆ》ほども考えない。問題は、平和主義や反核兵器の理念を、この国の社会がどのように形成し経験してきたのか、その内実はどのようなものであるのかを問い直すことなのである。「唯一の被爆国である日本は……」というフレーズの後に「いかなるかたちでも絶対に核兵器に関わらない」といった類の言葉が自動的に続くことになってしまうという事態は、もうひとつの論理的可能性をあらかじめ排除することによって成り立っている。それは思想の衰弱にほかならない。二通りの論理的可能性を引き受けた上であえて選ばれる反核でなければ、およそ思想的強度を持ち得るものではないのである。

そもそも「唯一の被爆国である日本は……」の先に「いかなるかたちでも絶対に核兵器に関わらない」と自動的に続けるのは、左派や平和主義者だけでなく、永続敗戦の構造の中核を占めてきた連中でもあること、言い換えれば、この言葉は、主流派権力の言葉でもあることの意味を認識する必要がある。例えば、非核三原則についての国会決議には次のような言葉がある。

政府は、核兵器を持たず、作らず、持ち込まさずの非核三原則を遵守するとともに、沖縄返還時に適切なる手段をもって、核が沖縄に存在しないこと、ならびに返還後も核を持ち込ませないことを明らかにする措置をとるべきである。(一九七一年の決議)

唯一の被爆国として、いかなる核実験にも反対の立場を堅持する我が国は、地

下核実験を含めた包括的核実験禁止を訴えるため、今後とも一層の外交的努力を続けること。(一九七六年の決議)

こうした決議を(しばしば全会一致で)繰り返しながら、すでに触れたように、沖縄核密約を米国と取り交わし、あまつさえ、核武装について西ドイツに話を持ち掛けることまでしていたのが、この国の政権であった。してみれば、非核三原則や「唯一の被爆国」であることの強調が一体何のためになされてきたのかは、ほとんど考えるまでもなく理解できる。ここには真剣なものなど何ひとつ存在しない。彼らが唯一真剣に取り組んでいたのは、国民を騙《だま》すことだけであった。そして、シニシズムを自明の社会原理としてしまった国民の側も、進んで騙されてきた。

無論、この欺瞞は日米合作のお芝居である。だが、だからといって、責められるべきは米国だ、ということにはならない。沖縄返還交渉当時における米国側の雰囲気について、米国務次官(当時)のウラル・アレクシス・ジョンソンは、次のように言っている。ここで直接言及されているのは沖縄返還後の基地使用の見通しという問題だが、同じ論理は核兵器問題にもあてはまる。

われわれとしては日本に対して自由使用という条件を強要したくなかった。そのようなことをすれば日本側の恨みを買ったり、実際の運用面で足をすくわれるだろうと思ったからである。日本がどのような取り決めに同意するにしろ、その取り決めは、東アジアにおけるアメリカ軍の有効な存在が日本の安全にとって不可欠であると、日本人が納得した上でのことでなければならない旨を、われわれは明確にしておきたかった。[25]

ジョンソンの論旨、「日本がどのような取り決めに同意するにしろ、その取り決めは、東アジアにおけるアメリカ軍の有効な存在が日本の安全にとって不可欠であると、日本人が納得した上でのことでなければならない」という原則は、民主主義を公式に奉ずる国家にとってまことに正論であると言うほかない。無論、こうした「正論」の主張が、米国側の自己欺瞞を含んでいることは容易に指摘できる。米側としては、日本政府が対内的にどのような詭弁・欺瞞を弄してでも、基地の継続使用と非常時の核持ち込みに同意することを期待していたことは疑い得ないからである。しかし、この際、そのことはどうでもよい。すでに述べたように、米国が日本に対して道義ある姿勢を貫いてくれると期待するほうが間違っている。問題は、日本の保守政治勢力の主流派が、このような正論を実行する（日米同盟の必要性・基地の必要性・核の傘の必要性を国民に納得させること）義務を放棄してきた、というところにある。そして、この義務を実行する代わりに、嘘と欺瞞の空中楼閣を築き上げることをこの国の権力は選んだ。それはある意味では全く合理的な選択である。なぜなら、敗戦の責任から逃避し続けてきた連中とその後継者たる彼らには、国防への責任を云々できるわけがなく、そもそもその資格がないからである。それゆえ彼らは、「核兵器はあまりに残酷であるから嫌だ」という国民に浸透した感情を、この空中楼閣を支える柱として選んだ。ここにおいて、永続敗戦レジームの中核層と平和主義者との間に成り立った奇妙な共犯関係を明瞭に見て取ることができる。

さて、このように見てくると、平和主義者だけでなく戦後親米保守派の建前上の言動においても、「唯一の被爆国」であることが強調され、それが「核兵器を絶対的に拒絶する」という命題に自動的につながることの必然性がはっきりと理解される。この自動作用が機能する限り、われわれは「二度と再び他国から核攻撃されないよう」という言葉を頭に思い浮かべなくて済むのである。そして、このことこそが、永続敗戦レジームの真の狙いにほかならない。それはなぜなら、「二度と再び他国から核攻撃されないよう」という言葉は、すでに一度核攻撃を受けたことを否応なく思い起こさせるからである。言うまでもなく、われわれは単に被爆したのではない。原爆を落とされることは天災とは異なる。この国は、負け戦の果てに「核攻撃を受けた」のであって、言い換えれば、かかる攻撃を受ける事態を自ら招き寄せたのである。それがどのような機能を果たしたのか、いかなる意味を持ったのか、われわれは後に検討する。永続敗戦レジームにとってその意味を隠蔽することは至上命題であることを、われわれは理解することになるだろう。そして、あの自動作用は、原爆を投下されたことの責任と意味を塗りつぶすものにほかならない。

ところで、私は中国・北京の「中国人民抗日戦争記念館」を訪れたことがある。見学者が記入するノートをめくってみて気づいたのは、最も多く書き込まれた字が「恥」であるということだった。つまり、多くの中国国民にとって、侵略を受け、膨大な犠牲者を出したことは、「怒り」の対象である以上に、「恥ずべき」事柄なのである。翻って、事あるごとに「国の誇り」というような御題目を唱えたがる日本の自称「ナショナリスト」たちが、原爆を落とされたことについて「恥ずかしい」とどうやら思っていない（私の知る限りでは誰もそのようなことを言わない）らしいことは、通常の思考回路からすれば不可思議千万な事柄である。明らかにされているように、人種差別や人体実験、科学者の戦争協力への動機の維持、ソ連への牽制といった要因にも促されることによって、核兵器は実際に使用された。われわれはそのような実験台と道具にされた。ゆえに、被爆の経験は悲惨の極致であっただけではない。それは恥辱の経験でもあった。にもかかわらず、永続敗戦レジームに規定された「ナショナリスト」は、誰もそのようには感じないようである。なぜなら、原爆投下を「恥辱」と感じることは、即座に、かかる事態を招き寄せてしまうような「恥ずかしい」政府しかわれわれが持つことができなかったことの自覚へと直結するからである。

かくして、日本社会の持つ核兵器への反対の信条は、ただ漠然と「核兵器はとても残酷だから嫌だ」という程度の根拠しか持たないものであるほかなくなった。それは、記憶の風化も相俟って、経済的繁栄が衰退へと向かう過程で崩れ落ちることになるであろう。仮に、戦後の日本経済が長期の停滞を強いられ、国民の窮乏が続いたならば、日本人の核兵器に対する態度はどのようなものになり得たか、想像してみればよい。それが、ワイマール・ドイツで生じたこと（ナチスの台頭）の反復をもたらしたとしても、いささかの不思議もない。平和主義が経済的成功によって支えられてきたということの第二の意味は、ここにある。

それでは、「貧しい日本」が帰って来るときに、一体何が露《あら》わなかたちで姿を現すのか。それは、あの敗戦を経ても、それを否認することによって生き残ってきたもの、すなわち「国体」であるほかないだろう。われわれは、ポツダム宣言受諾に際して戦中の指導者層が譲らなかった条件が、「国体の護持」であったことをいま一度思い起こさなければならない。

戦後の国体

永続敗戦をめぐる政府と社会の構造は、戦前における天皇制の構造に実によく似ている。かつて、久野収と鶴見俊輔は明治憲法レジームにおける天皇制を「密教と顕教」の比喩を用いて腑分けしてみせた。[26] すなわち、明治憲法において「天皇は神聖にして侵すべからず」と規定されているが、このような「現人神《あらひとがみ》としての天皇」は大衆向けの「顕教」であり、大衆を従順に統治され、かつ積極的に動員に応ずる存在にするための装置であった。他方、権力運用の実際において、明治の元勲たちは「天皇親政」を表向き掲げながら、実権を持たせず、立憲君主制国家として明治国家を運用した。それが、戦前天皇制の「密教」的部分である。後に美濃部達吉が唱える「天皇機関説」という法学的思考になじみの薄い人間にとってかなり難解な理論は、大日本帝国憲法体制のこの密教的部分を解き明かしてみせたものであった。この学説を会得することが大学入学と文官任用試験に合格する条件のひとつであったことは示唆的である。国家のこの根本構造を理解していなければ、戦前の日本社会ではエリートたる資格がなかったのである。

しかし、大正を経て昭和の時代を迎え、大衆の政治参加の機会が増大するにつれて、顕教と密教の使い分けという統治術は崩壊へと突き進む。それは、戦前天皇制の顕教的部分が密教的部分を侵蝕《しんしょく》し、ついには滅ぼしてゆく過程にほかならなかった。統帥権干犯問題に典型的に見られるように、[27]元勲が世を去った後の政党政治家たちは、自身もパワー・エリートの一翼をなす存在であるにもかかわらず、大衆向けの方便の論理に進んで絡め取られてゆくのである。その結果、政党政治家よりも軍部のほうがより十全に「天皇親政」を体現しうる勢力として国民の期待を集めることとなり、政治家たちは自ら墓穴を掘る。この過程で、美濃部学説は不敬なものとして否定され上杉慎吉らの唱える天皇主権説によって取って代わられる(一九三五年、国体明徴声明)が、それは天皇制における顕教的部分が密教的部分を呑み込んだ瞬間を印すものであった。さらに最終的には、「御前会議」における対米英開戦の決断やポツダム宣言受諾の「御聖断」というかたちで、「天皇親政」は実現する。それは、明治国家体制の掲げた建前が完成した瞬間であったが、同時にこの体制の崩壊の瞬間でもあった。それは皮肉でもあるが必然的でもある。なぜなら、その根本原理(二重性)を失ったレジームが存続できるはずもないからである。しかしながら、それは、これから見るように、かたちを変えて生き残った。

戦前のレジームの根幹が天皇制であったとすれば、戦後レジームの根幹は、永続敗戦である。永続敗戦とは「戦後の国体」であると言ってもよい。そうであるならば、永続敗戦の構造において戦前の天皇制が有していた二重性はどのように機能しているのであろうか。

それは、「敗戦」という出来事の消化・承認の次元において機能している。すなわち、大衆向けの「顕教」の次元においては、敗戦の意味が可能な限り希薄化するよう権力は機能してきた。「戦争は負けたのではない、終わったのだ」、と。そのことに最も大きく寄与したのは、「平和と繁栄」の神話であった。この顕教的次元を補完する「密教」の次元は、対米関係における永続敗戦、すなわち無制限かつ恒久的な対米従属をよしとするパワー・エリートたちの志向である。先にも見たように、岸信介は「真の独立」と言い、佐藤栄作は「沖縄が還ってこない限り戦後は終わらない（逆に言えば、沖縄返還の実現によって戦後は終わった）」と言い、中曽根康弘は「戦後政治の総決算」を掲げ、安倍晋三は「戦後レジームからの脱却」を唱えてきた。これら永続敗戦レジームの代表者たちの真の意図が、これらのスローガンを決して実現させないことにあることも、すでに見た通りである。今日、永続敗戦レジームの中核を担っている面々は、もはや屈従していることを自覚できないほど、敗戦を内面化している。そして、この顕教と密教の間での教義の矛盾は、対アジア関係において爆発的に噴出する。対米関係において敗戦の帰結を無制限に受け容れている以上、顕教的次元を維持するためにはアジアに対する敗北の事実を否認しなければならないが、それは東アジアにおける日本の経済力の圧倒的な優位によってこそ可能になる構図であった。しかるに今日、この優位性の相対化に伴って必然的に、永続敗戦レジームは耐用年数を終えたのである。

そしてここにおいて、われわれは戦前レジームの崩壊劇の反復を目撃している。すなわち、顕教的部分による密教的部分の侵蝕、呑み込みである。大衆向けの顕教として掲げられてきた「われわれは負けてなどいない」という心理の刷り込みが、抑えの利かない夜郎自大のナショナリズムとして現象する。そしてこのとき、永続敗戦レジームの主役たちは、これを食い止める能力を持たない。なぜなら、彼らこそ、「負け」の責任を取らず、「われわれは負けてなどいない」という心理を国民大衆に刷り込むことによって自らの戦争責任を回避した張本人たちの後継者であるからだ。もっと言えば、永続敗戦レジームの顕教的領域を否定することは、彼らの政治的正統性、戦後レジーム総体の正統性を直撃するのであり、それゆえ実行不可能である。

マルクスの言った「歴史は反復する、一度目は悲劇として、二度目は茶番として」[28]という箴言《しんげん》がかくも鮮やかにあてはまる事例は容易には見つからないであろう。少々ナルシスティックな言い方をするならば、幕末の開国から明治維新、日清・日露戦争、そして敗戦に至る日本近代史の過程は、被植民地化を逃れるためのあらゆる努力を払った末に破局に至るという悲劇の歴史であった。近代化を推し進めるための二重性の装置としての天皇制は、その過程で巨大な役割を果たした挙句、自壊した。これに対して、われわれがいま落ち込もうとしている状況は、単なる酔生夢死でしかない。

しかしながら、マルクスの箴言が枕にしていたヘーゲルの言葉はそもそもこう告げていたではないか。「偉大な出来事は二度繰り返されることによってはじめて、その意味が理解される」[29]のである、と。してみれば、「国体」は、二度死なない限り、われわれはその意味を理解できないのかもしれない。

「戦後の国体」の成立過程

とはいえ、われわれは少なくとも、歴史を振り返ることによって「国体護持」の意味を理解することはできる。「国体」は、第二次世界大戦における敗戦を乗り越えた、言い換えれば、敗戦に勝利した。永続敗戦という代償を払って。だが、「敗戦に勝利する」とは、より具体的には何を意味するのであろうか。

永続敗戦のレジームが、日本の親米保守勢力と米国の世界戦略によって形づくられたことはあらためて言うまでもなく、その中核には日米安保体制が存在することもいまさら指摘するまでもない。ここで問題は、この「新しい国体」がどのようにして形成されたのか、具体的にどのような過程によって戦前の国体との連続性が確保されたのか、というところにある。

これについて、本書で再三参照してきた豊下楢彦は、おりしも加藤典洋の『敗戦後論』が論争を呼び起こしたのとちょうど同時期に、著書『安保条約の成立――吉田外交と天皇外交』（一九九六年）によって、きわめて重大な仮説を提起した。それは、一九五一年の安保条約は「戦勝国と敗戦国との圧倒的な格差を背景として、米国の利害が日本に押しつけられたものだった」という広く共有されながらも漠然としたものにとどまっていた歴史認識を、大きく更新する仮説である。『安保条約の成立』から『昭和天皇・マッカーサー会見』（二〇〇八年）に至る豊下の一連の研究は[30]、サンフランシスコ講和条約と同時に調印された日米安保条約が、あからさまな不平等条約となった理由を追究することによって、象徴天皇制というかたちでの天皇制の存続と平和憲法（そして、その裏面としての米軍駐留）という戦後レジームの二大支柱はワンセットである、という従来からそれとなく意識されてきた統治構造の具体的成立過程を明らかにするものであり、その過程における昭和天皇の「主体的」行動の存在を説得的に推論するものであった。

豊下が外務省および宮内庁による資料公開の不十分さ、秘密主義に苦慮しながらも十分な説得力を持って推論しているのは、当時の外務省が決して無能であったわけではなく、安保条約が極端に不平等なものとならないようにするための論理を用意していたにもかかわらず、結果として日米安保交渉における吉田外交が――通説に反して――拙劣なものとならざるを得なかった理由である。それはすなわち、ほかならぬ昭和天皇こそが、共産主義勢力の外からの侵入と内からの蜂起に対する怯えから、自ら米軍の駐留継続を切望し、具体的に行動した（ダレスとの接触など）形跡である。

条約締結交渉にあたって決定的な重要性を帯びたのは、日米のどちらが米軍の駐留を希望するのか、という点であった。無論、「希望」を先に述べた側が、交渉における主導権を相手に譲ることとなる。したがって、外務省・吉田首相は、朝鮮半島情勢の切迫を背景に、米国にとっても軍の日本駐留が死活的利害であることを十分に認識し、「五分五分の論理」[31]を主張する準備と気構えを持っていた。しかし、この立場が結局放棄されるのは、昭和天皇が時に吉田やマッカーサーを飛び越してまで、米軍の日本駐留継続の「希望」を訴えかけたことによる、と豊下は言う。[32]その結果、一九五一年の安保条約は、「ダレスの最大の獲得目標であった「望むだけの軍隊を望む場所に望む期間だけ駐留させる権利」を、文字通り米側に〝保障〟した条約」[33]として結ばれることとなる。また、これらの過程で、沖縄の要塞化、つまりかの地を再び捨石とすることも決定されていった。「要するに、天皇にとって安保体制こそが戦後の「国体」として位置づけられたはずなのである」[34]。そしてこのとき、永続敗戦は「戦後の国体」そのものとなった。

『英霊の聲』を書くことによって昭和天皇の戦争責任を真正面からとらえ、[35]「平和と繁栄」に酔い痴れる高度成長下の戦後日本社会の精神的退廃（それは本書が「永続敗戦」と呼ぶものだ）の元凶をそこに求めた三島由紀夫は、まさに慧眼《けいがん》であった。三島は、日米安保体制が昭和天皇によって手引きされた可能性など知る由もなかったであろうが、直感的に事の本質を見抜いていたと言える。ただし、先に述べたように、昭和天皇個人の戦争責任（さらには日米安保体制に対する責任）が問題なのではない。歴史的事実の探求とは別に、責任の有無は政治的にいかようにも「論証」しうる。また、あの戦後の天皇の全国巡幸の光景に表れているように、国民の多くが、昭和天皇が敗戦後も天皇であり続けることを進んで受け容れたのである。したがって、真の問題は、「国体」と呼ばれる一個のシステムの意味と機能を考えることにほかならない。それは、アメリカを引き込むことによって、敗戦を乗り越え、恒久的に自己を維持することに成功した。安保体制の確立を経て、ポツダム宣言受諾の条件であった「国体の護持」の究極的な意味合いとは、米国によってそれを支えてもらう、ということにほかならなくなった。

国体とは何か

だが、ここで問わねばならない。戦前には治安維持法によってその変革を試みようとする者は死刑に値すると定められていた「国体」とは、概念としてはそもそも一体何であるのか。片山杜秀は、戦前特異な国体論を展開した里見岸雄に言及して、次のように言っている。

里見は、水戸学や『国体の本義』が声高らかには決して謳わず、吉田茂も決して触れようとしなかった国体の核心とでも言うべきものを赤裸々に抽出してみせた。端的に言えば犠牲を強いるシステムとしての国体である。[36]

里見の国体論は、戦時中多数輩出した神懸り的かつ無内容なイデオローグのそれとは異なる。里見は、そのタイトル（『国体に対する疑惑』『天皇とプロレタリア』など）からして異彩を放っている著書において、戦前喧伝された「天皇陛下の赤子《せきし》」や「一君万民」「一視同仁」といった概念を真に実現する方法（つまりは抜本的社会改革）を追究しようと試み、これらの概念を弄ぶことにのみ熱心なイデオローグたちを容赦なくこき下ろした。ゆえに、この「犠牲を強いるシステムとしての国体」という概念も、空疎なものではない。

片山の整理に従えば、里見の理論は国家を二種類の社会によって構成されるものとしてとらえており、それはモダンな論理構成を持っている。ひとつ目の社会は「利益社会」であり、そこでは各人がめいめいの手前勝手な欲望・欲求を追求する。しかし、この「利益社会」の原理だけでは、天災であれ戦争であれ、社会の外部からやってくる脅威に対して全く無防備であるほかない。なぜなら、自らが犠牲になってしまえば利益の追求を断念せざるを得ないからである。ゆえに、国家が存続するためには、自らの利益を捨ててまで進んで国家・社会を護ろうとする動機が国民に湧かなければならない。それをつくり出すのが、最高の統治者でありながら決して威張ることなく皇祖皇宗・天照大神《あまてらすおおみかみ》に頭《こうべ》を垂れる謙虚な君主（＝天皇）に対する臣民一同の感激である、と里見は言う。この感激が高まることにより、この素晴らしき世界（＝国体）を命を捨ててでも護りたいという動機が生ずるわけである。これがすなわち、「犠牲を強いるシステムとしての国体」のメカニズムである。

　そして、敗戦によって途方もない打撃を受けたのは、この「感激」にほかならなかった。その中心には、言うまでもなく、昭和天皇の言動がある。それは、「感激」の世界の中心に位置するのが生身の天皇の存在にほかならなかった以上、不可避的であった。八月一五日以降の天皇が敗戦の責任を取る気配を一向に示さず、また国民への謝罪もなく、さらにはマッカーサーのもとへと赴き、あの有名な写真に納まったのを見たとき、少年海軍兵にして戦艦武蔵の生き残りであった渡辺清は、「天皇帰一の精神もいまは無残に崩れてしまった。天皇にたいするおれのひたすらな思いは、現実の天皇とはなんのかかわり合いもなかった。むなしい一人合点にすぎなかったのだ」[37]、と書きつけた。渡辺の手記『砕かれた神』は、全編あの「感激」が崩壊してゆく過程を記録した文書であるとみなしうる。そして渡辺の憤りは、天皇のみならず、戦時中皇国イデオロギーを絶叫し敗戦を境に突然言うことを変えた（つまり、変節した）、メディア機関、教育者、インテリ層、そしてアッケラカンと敗戦を受け止めている身辺の普通の村人たちにも向けられる。彼が見出したのは、そこには「感激で満たされるに値する世界」などそもそも全く存在していなかった、という事実であった。その結果、国体はどうなったのか。片山杜秀は次のように続けている。

「ポツダム宣言」は日本からの軍国主義の完全除去と平和主義の徹底を命令した。君民相和す国体は平和主義と共存可能ゆえに残り、吉田茂に国体不変と言わしめたが、犠牲社会の方の国体はきれいさっぱり拭われた。その意味では国体は護持されなかった。ひとつの国が確実に死んだ。「国体より重い命のない国」から「人の命は地球より重い国」へと捻転した。

国家が国民に決して死ねとは言えない国。新たな犠牲の論理も与えられない国。犠牲社会は少なくとも表向きには片鱗さえ存在を認められない。利益社会だけしかない。それはそれで素晴らしい。が、その国にはやはり死せる国体のあとのとてつもない空白がある。[38]

片山の結論、この戦後日本に「とてつもない空白がある」という結論は正しい。しかし、その原因がどこにあるのかについての議論は納得できるものではない。すなわち、ポツダム宣言の内容が、この空白をつくり出したのではない。現に、再軍備を事実上遂げ、潜在的核武装能力を蓄え、軍国主義の遺産を密かに活用しようとする試みが盛んになればなるほど（つまり、ポツダム宣言の内容から離れようとすればするほど）、永続敗戦のレジームは強化され、戦後日本の抱え込んでいる構造的腐敗はますます猖獗《しょうけつ》を極めるものとなってきたのである。

確かに、「犠牲のシステム」としての国体は死んだ。ただしそれは、平和憲法のためでもなければ、自衛隊が国防軍を名乗らないからでもない。それは、この国では、永続敗戦レジームが前提されている限り、誰も犠牲を要求する道理が成り立たないからである。膨大な犠牲者を出したうえに負け戦に終わったことの責任をとらないばかりか、直近の敵国に取り入り、この敵国の軍隊が駐留することを進んで促してまで自己保身を図った人物と、それの取り巻きとなることで権力を維持してきた連中とその末裔《まつえい》が要求する犠牲は、犬死にであるほかないとあらかじめ運命づけられている。ゆえに、犠牲を求める身振りや犠牲を払う行為そのものでさえも、常にすでにこの「とてつもない空白」によって侵蝕されてしまう。例えば、『他策ナカリシヲ信ゼムト欲ス』を致命的病をおして執筆し、沖縄核密約の存在をその生き証人の立場から暴露した若泉敬の振る舞いは、その典型である。彼は同書のなかで、戦後日本社会を「愚者の楽園《フールズ・パラダイス》」と呼んで批判したが、[39]その悲壮感あふれる国士然とした有り様が究極的には滑稽なものとなるほかなかったのは、[40]この著者が「愚者の楽園」(犠牲を強いる内的根拠を持たない国)を維持することに加担した共犯者の一人にほかならないからである。

そしていま、永続敗戦レジームの主導者たちは、このレジームを維持したまま、もっと言えば、「新しい国体」により深く依存しながら、再び「犠牲のシステム」を構築しようと企てている。無論、そこには何の「感激」もないし、あり得ようもない。

国体の勝利

先に触れた渡辺清が経験した精神的危機は、きわめて深刻なものであった。なぜなら、彼の思い抱いていた「国体」(すなわち、「感激」に満たされるに値する共同体世界)は、敗戦によって破壊されたのではなく、そんなものはそもそも存在していなかったのだという事実に、彼が直面させられたからである。それは、現在の自己のみならず、過去の自己、つまりは現在の彼を彼たらしめるもの、アイデンティティを根こそぎ奪われる経験であった。しかし、それにもかかわらず、われわれが見てきたように、国体は確かにある意味で護持されたのである。それでは、一体この鵺《ぬえ》のごとき「国体」とは何であるのか。そのとらえがたい本質は、ギリギリのところで「国体護持」を成功させた終戦間際の政治過程において、はっきりとその姿を現している。

周知のように、戦争指導者たちは、八月一五日以前には、まっしぐらに悪化する戦況にもかかわらず、国民に向かって「本土決戦」「一億火の玉」による最終的勝利を絶叫していた。ところが、八月九日にはソ連の対日参戦と二発目の原爆投下を受けて、ついにポツダム宣言受諾が「御聖断」によって決定される。これによって本土決戦は回避された。日本人の多くは、この決断が遅きに失したとはいえ、さらなる悲惨を回避させたという意味で、とにもかくにも下されてよかった当然の判断であると考えている。だが、戦争終結へと向かう判断がこの時点でなされなければならなかった必然性など、全く存在しない。戦闘の帰趨という観点から見れば、勝負はとうに片がついていた。確かに、この時点で戦闘が終わることにより、死に追いやられる人数は抑えられた。しかし、兵士たちにひたすら玉砕することを強いていた当時の軍国指導者層が、犠牲者の数を抑えることそれ自体に本質的な関心を抱いているはずなどなかった。つまり、降伏の決断は、できるだけ多くの国民の生命を守ることを意図したものなどでは、さらさらなかった。

それでは、なぜ本土決戦は回避されたのか。複数の証拠が示すところによれば、これ以上の戦争継続、本土決戦の実行は、「国体護持」を内外から危険にさらすことになるという推測こそが、戦争終結の決断をもたらしたものにほかならなかった。現に、盟邦ナチス・ドイツは、「本土決戦」を実行し、最終的に総統は自殺、政府そのものが粉々に砕け散って消滅するというかたちで戦争を終えた。日本に置き換えれば、それは国体そのものの消滅である。ゆえに、笠井潔が次のように述べているのは、まことに正当な問題提起である。

「終戦」阻止の陸軍クーデタ計画が成功し、本土決戦が遂行されていれば、その犠牲者数は試算で二〇〇〇万、あるいは三〇〇〇万にのぼったともいわれる。沖縄戦では戦死者が一一万、民間の戦災死者数が一〇万で県民の三人に一人だから、これでも控え目な数字である。本土決戦の結末は惨憺《さんたん》たるものだったろう。この惨禍を回避できたのは、日本人にとって幸運だった。しかし同時に、この幸運の代償として、われわれがなにを失ったのかを正確に理解する必要がある。[41]

笠井の言う「われわれが失ったもの」とは、何なのか。ひとことで言えば、それは、革命、少なくともその可能性である。こうした考えは、いささかも突飛なものではない。ほかならぬ軍国指導者層こそが、この可能性を敏感に察知していた。一九四五年二月、近衛文麿は「近衛上奏文」[42]と後に呼ばれる文書を起草し、天皇に差し出している。それは、もはや敗北は必至、戦争を終結させるほかない、と訴えるものであった。そこには、次のような文面がある。

> 敗戦は我国体の瑕瑾たるべきも、英米の輿論は今日までのところ、国体の変更とまでは進み居らず、(勿論一部には過激論あり、又将来いかに変化するやは測知し難し)随て敗戦だけならば、国体上はさまで憂うる要なしと存候。国体護持の立前より最も憂うべきは、敗戦よりも、敗戦に伴うて起ることあるべき共産革命に候。
>
> 　つらつら思うに我国内外の情勢は、今や共産革命に向って急速に進行しつつありと存候。〔傍点引用者〕

一見してわかるように、この文面は異様である。周知のように、治安維持法・特高警察をはじめとして、戦前の国家体制は、あらゆる手段を動員して共産主義思想・共産革命勢力の浸透を防遏《ぼうあつ》してきた。戦中においてこの体制は著しく強化される。非共産党系のマルクス主義者（労農派）も弾圧され（人民戦線事件[43]）、さらには戦争に対して多かれ少なかれ批判的な姿勢を取った自由主義者、さらには、古典文学の解釈を大東亜戦争の大義へと結びつけて若年インテリ層に多大な影響を与えた保田與重郎までもが潜在的に危険思想家であるとみなされて、監視された。このように、事実として、「共産革命」を担う（あるいは担うかもしれないと妄想的に推定された）勢力は、徹底的に叩き潰されていたのである。確かに、一九四〇年代に入ってもゾルゲ事件（一九四一―四二年）のような出来事がありはしたが、それは共産主義思想の国内への大衆的な浸透を意味するものではなく、「我国内外の情勢」が「今や共産革命に向って急速に進行しつつ」あるとの認識は、まことに奇怪である。

上述の議論を補強するために、近衛はソ連のヨーロッパでの政治的暗躍を説き、戦争終結後のアジアで、その影響力が高まる可能性を指摘する。この点は、別段ピントを外した分析ではない。しかし、話題が再び国内情勢の分析に及ぶや、近衛の議論はほとんど譫妄《せんもう》患者の様相を呈し始める。

翻って国内を見るに、共産革命達成のあらゆる条件、日々具備せられ行く観有之候。即ち生活の窮乏、労働者発言権の増大、英米に対する敵慨心昂揚の反面たる親ソ気分、軍部内一味の革新運動、これに便乗する所謂新官僚の運動、及びこれを背後より操りつつある左翼分子の暗躍等に御座候。

右の内特に憂慮すべきは、軍部内一味の革新運動に有之候。少壮軍人の多数は、我国体と共産主義は両立するものなりと信じ居るものの如く、軍部内革新論の基調も亦ここにありと存候。皇族方の中にも、此の主張に耳を傾けらるる方あり、と仄聞いたし候。

なんと、悪化する戦況のなかで、残らず弾圧され尽くしたはずの「左翼分子」が暗躍しており、彼らは「親ソ気分」を焚きつけ、軍人たち、ついには皇族までをも巻き込みつつある、というのである。さらに妄想は膨らむ。

抑々満洲事変、支那事変を起し、これを拡大して遂に大東亜戦争にまで導き来れるは、これら軍部内の意識的計画なりしこと、今や明瞭なりと存候。満洲事変当時、彼等が事変の目的は国内革新にありと公言せるは、有名なる事実に御座候。支那事変当時も、「事変永引くがよろしく、事変解決せば国内革新はできなくなる」と公言せしは、此の一味の中心的人物に御座候。

つまり、そもそもこの負け戦への突入に日本を追い込んだのは、「左翼分子」に操られた「国内革新」を唱える一味であった、と近衛は主張しているわけである。かくして、大東亜戦争全体が国体を破壊しようとする「意識的計画」であったのだと解釈される。上奏文はさらに次のように続く。

これら軍部内一部の者の革新論の狙いは、必ずしも、共産革命に非ずとするも、これを取巻く一部官僚及び民間有志(之を右翼というも可、左翼というも可なり、所謂右翼は国体の衣を着けたる共産主義者なり)は、意識的に共産革命にまで引ずらんとする意図を包蔵しおり、無智単純なる軍人、これに躍らされたりと見て大過なしと存候。

ここまで来れば、もう右も左もない。「之を右翼というも可、左翼というも可なり、所謂右翼は国体の衣を着けたる共産主義者」なのだとされる。これに続く部分で近衛は、二度にわたって国政を預かりながら、「革新論者」の「主張の背後に潜める意図」、すなわち共産革命・国体の否定という企みを、「十分看取する能わざりし」ことを天皇に謝している。まことに尋常ならざる認識であると言わなければならない。「アカ」に対してあれほど徹底した禁圧策を講じてきたにもかかわらず、「アカ」の陰謀は着々と実を結びつつあり、気づけば天皇は共産主義者によってほとんど完全に包囲されているというのだから。マクベス夫人の手にこびりついた血のように、「アカなるもの」は消去不可能なものとして、この貴公子の目には映っていた。

しかも、近衛の認識は特異なものではなかった。「上奏文」に関して、河原宏は次のように述べている。

これが近衛個人の発想に止まるなら、近づく敗戦の恐怖に惑乱した一貴公子の神経衰弱症としてかたづけることもできよう。だが実態はそうでなく、むしろ天皇制支配層に共通した発想だったというべきである。その証拠に一九四四年六月、警視庁特高第一課長秦重徳は情勢を次のように捉えていた。「警視庁にては国体を否認する者を左翼とし、然らざるものを右翼と為し居るも、右翼の中にも左翼多きは論なし」。ここでも右翼と左翼の境界は乗り越えられ、右翼の左翼化、したがって国民全体の左翼化が示唆されている。[44]

天皇制支配層は、全般として右も左もわからなくなった。もうどいつもこいつも共産主義者に見えてくる。だがしかし、このような惑乱のなかでこそ、国体とは何であるのかという問題は、かえって明瞭に把握可能なものとして現れている。否、近衛らが惑乱していたと考えるべきではないのだ。むしろ彼らは、国体の本質を実に正確にとらえて表現することができたという意味で、あくまで明晰であった。その本質は、「国体を否定する者＝共産主義者＝左右を問わない革新論者」という定式にはっきりと現れている。どれほど熱烈に国体を支持する者（すなわち、右翼）であっても、「革新」を口にした途端、その者は「左翼」と分類されるべき存在となる。してみれば、国体とは、一切の革新を拒否することにほかならない。

かくて、問題の焦点は、革命・革新に見定められなければならない。河原宏は、戦争終結の決断の本質を「革命よりは敗戦がまし」という選択としてとらえている。[45]この把握は、なぜ本土決戦が避けられたのかを明快に説明する。本土決戦の準備段階で、大本営は軍を二つに分けることを決めていたという。本土内での連絡が途絶され、統一的な指揮を執ることが不可能になると予測されたからである。もはやいかなる中央からの命令もなく、各部隊は独自の判断で戦闘行動を決定するという状況が予想された。「それは組織論的な「国体」の否定、つまり革命に通じてしまう。天皇制支配層が本土決戦に危惧したのもこの点にあった[46]」。

仮に本土決戦が決行されていたならば、さらなる原子爆弾の投下が行なわれ、天皇は皇居もろとも消滅したかもしれない。途方もない数の人命がさらに失われ、それでもなお、戦闘を止める命令を発する主体もなくなる以上、非組織的なゲリラ闘争は際限なく続き、北から侵入したソ連軍は本土四島にまで達したことだろう。その場合、いまこの原稿を書いている私も、読者も、そもそもこの世に生まれ出ることがなかったかもしれない。しかし、それでもなお、次のことは指摘しておかなければならない。このような事態が避けられたことと引き換えに、われわれが失ったものが確かにあるのだ。再び河原の言葉に耳を傾けよう。

> 日本人が国民的に体験しそこなったのは、各人が自らの命をかけても護るべきものを見いだし、そのために戦うと自主的に決めること、同様に個人が自己の命をかけても戦わないと自主的に決意することの意味を体験することだった。（中略）近衛らが〝革命よりも敗戦がまし〟という形で、なんとしても避けようとし

た「革命」とは、究極のところ各人が自主的決意と判断によって行動するに至る状況のことだったのではないか[47]［傍点引用者］。

このとき、河原の言う「自らの命をかけても護るべきもの」とは、お仕着せの「国体」の観念ではあり得ない。それは、各人において極限状況のなかで自らの確信として摑み取られるものだ。先に触れた渡辺清の復員後の苦悩は、自らの凄惨な戦場体験において摑んだものと、そのような主体性が決定的に欠けている彼の隣人たちの感覚とのギャップによって惹き起こされたものにほかならなかった。しかるに、本土決戦回避の決断は、このような確信が渡辺のような少数者だけでなく国民の大半（何人が生き残るのか定かではないが）に与えられる機会を封じた。ここにこそ「国体護持」の意味が横たわっている。国体とは自主的決意による革新・革命の絶対的否定を意味するものである以上、国体護持を実現したかたちでの敗戦は、敗北という外見に反して、その実革命に対する華々しい勝利にほかならなかった。

広島・長崎の被爆の経験もこの観点から、その意味を読み取らなければならない。米内光政海軍大臣（当時）は、原爆投下の報に接して「天佑」だと語ったと言われるが[48]、原爆の衝撃が本土決戦の回避を促し、ひいては革命の可能性を核の炎によって焼き尽くすことができたのであればこそ、それはまさしく「天佑」だったのである。核攻撃は、戦況の加速度的悪化を背景に押しとどめがたい革新の動きが天皇制国家の支配層を包囲しつつあることが明白になってくるなかで、国体が逆転勝利を収めうる契機としてとらえられたのである。その意味で、日米の共犯関係を基盤とする戦後の国体は、広島・長崎において、すでに起動していた。言い換えれば「戦後」はすでに始まっていたのであった。

何をなすべきか

私は、国体なるものの本質とその戦後における展開の軌道を見通し得たと信ずる。問題は、それを内側からわれわれが破壊することができるのか、それとも外的な力によって強制的に壊される羽目に陥るのか、というところに窮まる。前者に失敗すれば、後者の道が強制されることになるだろう。それがいかなる不幸を具体的に意味するのか、福島原発事故を経験することによって、少なくとも部分的にわれわれは知った。してみれば、われわれは前者の道をとるほかない。その定義上絶対的に変化を拒むものである国体に手を付けることなど、到底不可能に思われるかもしれない。しかしながら、それは真に永久不変のものなどではない。というのも、すでに見たように、「永遠に変えられないもの」の歴史的起源は明らかにされているからである。それはとどのつまり、伊藤博文らによる発明品(無論それは高度に精密な機械である)であるにすぎない。三・一一以降のわれわれが、「各人が自らの命をかけても護るべきもの」を真に見出し、それを合理的な思考によって裏づけられた確信へと高めることをやり遂げるならば、あの怪物的機械は止まる。なぜならそれは、われわれの知的および倫理的な怠惰を燃料としているのだから。

エピローグ——三つの光景

本書を書くにあたって私の脳裏から離れることのなかった、三つの場面の記憶がある。それらは、本書の議論を成り立たしめた原風景であると言えるかもしれない。ひとつずつ紹介しよう。

二〇〇六年二月、初めてベルリンを訪れた。友人と二人で市内中心部を歩き回っていたのだが、雨の中で道に迷った。緑地に沿った並木道の通りは無暗に広く、歩いても歩いても人通りの多いところに行き着かない。冬の日は短く、徐々にあたりは薄暗くなりつつあった。冷たい、氷のような雨に打たれながら困惑していたそのとき、前方に何やら巨大なモニュメントが聳え立っているのが視界に入ってきた。近づきながら私は「何かおかしい」と感じていた。「おかしい」というのは、そのモニュメントが何とも異質な雰囲気を発している、すなわちベルリンにいるはずなのにそこに「ソヴィエト的なもの」がヌッと突っ立っていることが、遠目からでも感じ取られたからである。モニュメントの立つスペースに入ってみると、案の定であることがわかった。碑文がロシア語で刻んである。正確な文面は覚えていないが、おおよそのところこう書いてあった。

「一九四五年五月、この地でわれわれはファシストどもを蹴散らした」

衝撃だった。あの戦争に負けたということが何を意味するのか、私は思い知らされずにはいられなかった。戦争終結から優に半世紀以上を経て、自他ともに認めるヨーロッパの中心となってもなお、首都のど真ん中に「お前たちは負けた」と書き込まれた巨大施設を置き続けなければならない、それがドイツという国家が敗戦の結果抱え込んだ宿命なのである。そしてこれを見たとき、ドイツと日本という二つの敗戦国で量的には等しく流れたはずの戦後という時間の質的違いを、顧みないわけにはゆかなかった。東京のこれまたど真ん中には、A級戦犯が「護国の鬼」「神」として祀られる施設（靖国神社）が堂々と立っており、そこへ参ることが政治家の公約になる、われわれはそのような国に暮らしている。無論、旧東西ドイツにおける戦争責任の追及や現在のドイツの国際舞台における政治経済的リーダーシップのあり方を過剰に理想化することは慎むべきである。しかしながら、ドイツがEUの中核国という地位を占めるに至ったのとは対照的に、日本が近隣諸国との間で領土問題、歴史認識問題等々で軋轢《あつれき》の火種を消し去ることができず、したがって、アジア地域での指導的立場を占めることが決してできない理由を、私はこのとき氷雨に震えながらはっきりと悟ったのである。

帰国後に調べた結果、このモニュメントが「対独戦戦勝記念碑」と呼ばれることを知った。所在地は旧西ベルリン、ブランデンブルク門から遠くない場所である。記しておかなければならないのは、われわれが持っていた二冊の日本語版ベルリン観光ガイドブック（かなり詳細なもの）には、この施設について解説する記述が一切なかったことだ。その代わり、「チェックポイント・チャーリー」（検問所）等のベルリン分断時代の分断を象徴する施設については、やたらに充実した、はっきり言えばその施設の重要性に比して不相応なまでに膨大な記述がなされていた。そう、われわれは「冷たい戦争」の勝者なのだから、それを言祝《ことほ》ぎたいのだ。そして、ドイツとともに喫した第二次世界大戦の無惨な敗北に関しては、なかったことにしてしまえ。ガイドブックの編者たちが、このように意識的に考えて本をつくったわけではあるまい。だが、無意識であるということは自覚症状がないことを意味しているのであり、かえって問題は深刻なのだ。このようなきわめて細かなところにまで、永続敗戦に規定された歴史意識は、浸透している。

二つ目の場面は、東京、新宿だった。二〇〇〇年代半ばのこと、ある日の夜、私は知人と新宿駅西口の「思い出横丁」（「ションベン横丁」という名称のほうが人口に膾炙《かいしゃ》している）の赤提灯で杯を重ねていた。鰻《うなぎ》の寝床のような狭苦しい店の戸口近くでは、ジャンパーにごま塩頭という風体の六〇がらみの男性が、妙にむっつりとした表情を浮かべながら独り燗酒をあおっていた。

　突然戸口が開いて白人青年の二人組が店に入ってきた。明らかに観光客だとわかる彼らは、店の様子を撮影させてくれと英語で頼んだ。店主は許可を与え、彼らはカメラを構えた。そのときだった、例のむっつり親父が「どこから来たの？」と青年たちに話し掛けた。日本語だったが、雰囲気で通じる。青年たちはアメリカから来たと答えた。その瞬間、むっつり親父の頬がたちまち緩んで、彼は立ち上がった。

「そうか！　アメリカなのか！　俺はなあ、アメリカが大好きなんだよ！　本当に大好きだ！　アメリカのものは何でも好きなんだ！　握手してくれ！」

　日本語を解さない青年たちは、あまりに唐突な好意のほとばしりに少し当惑しながらも、親父と手を握り合った。

　こんな出来事が目の前で展開するのを見ながら、私は、ムズムズするような不快感が腹の底から湧き上がってくるのをはっきりと感じていた。外国人旅行者を歓待し、できる限りの好意を示すのはよいことだ。しかしながら、この場所は、この場所に限っては、アメリカ人に対してそれをするのにふさわしい場所ではない。

　御存じの読者も多いと思うが、新宿駅西口のションベン横丁は、狭小な居酒屋が長屋状に軒を連ねる飲食街であり、そのルーツは戦争直後の焼け跡・闇市にある。空襲で焼き尽くされた後の東京の街に族生した闇市によって形成された街並みが、どういうわけか戦後の新宿の開発・再開発の波を乗り越えて、いまなお残存しているのが、ションベン横丁なのである。私は、こちらも焼け跡のバラックが残存している東口のゴールデン街と並んで、この空間が、首都の最も賑う場所・超一等地に存在していることを、大事なことであると思っている。その理由は、これらの空間がピカピカした均質な商業空間に差異を持ち込み、街に彩りを与えているから、というような事柄ではない。それらは、「平和と繁栄」の夢をいったんはかなえたこの街で、われわれが「歴史に対するエチカ」とでも呼ぶべき何かを手放さないために、必要なのである。

突然入ってきて写真を撮ろうとしたアメリカ人青年たちを責めようという気には私はならない。おそらく彼らは、この街の歴史的成り立ちについて何も知らないのであって、無邪気なエキゾチズムに促されてやって来たにすぎなかろう。問題は、例のむっつり親父である。彼が特段下劣であるわけではない。おそらくは単に標準的な日本人であるにすぎない。実に彼の言葉は、戦後の日本人の対米意識を大体において正確に言い表しているではないか。そうであるとすれば、われわれ日本人が一般的に下劣なのだ。

この街がそこに生きる人々もろともかつて焼かれたという歴史、その焼かれた証拠のど真ん中で、焼いた張本人たちの末裔に愛想を振りまくというこの姿は、ジョン・ダワーの言うEmbracing Defeatという態度の対極にある。戦後対日占領期の政治・経済・風俗・人々の意識や生活といった多様な側面を網羅的かつ客観的な筆致で描き出してベストセラーとなったダワーの著書の日本語版は、『敗北を抱きしめて』と題されていたが、その原語Embracing Defeatはダブルミーニングである。すなわち、敗戦という経験を抱きしめ、その苦い教訓を血肉化したということと同時に、潔く敗北を認めそれを甘受する、という意味である。しかるに、この愛想のよさは、敗北をほとんど完全に忘れているからこそ、というよりむしろ、本当のところそれを認めていないからこそ、現れることができたものにほかならない。負けた証拠のど真ん中で、負かした張本人に向かい合ってもなお思い出せない記憶、そのようなものは本来あり得ない。にもかかわらずこうしたことが起こりうるのは、この街を襲った焼夷弾の雨が、巨大な台風か何かの天災のごときものに脳内で変換されているからである、としか考えようがない。つまり、意識としては、不可抗力の天災に遭遇しただけで「戦争に負けてはいない」のである。負けを認めない以上、ここには反省の契機も抵抗の契機も主体的な自己変革の契機も発生しようがない。

蛇足を承知で言えば、私の抱いた感情は、ナショナリズムに基づく義憤とは異なる。何も知らずにションベン横丁にフラフラやって来るアメリカ人は怒鳴りつけられるに値するとも思わない。あるいは、この街がアメリカへの復讐《ふくしゅう》、臥薪嘗胆の精神を維持するために残されるべきだと言いたいわけでもない。命ぜられた通りに「鬼畜米英！」と叫んだ同じ口が、命ぜられた通りに「民主主義万歳！」と唱え、「アメリカは素晴らしい！」と唱和するというこの光景の相変わらずの無惨な有り様、それが同じ空間を共有する人間として私には端的に我慢ならないのである。

ベルリンを訪れた際、利用した飛行機の便はデンマークのコペンハーゲンを経由した。われわれ一行は、トランジットでかの地に一泊することとなっていた。空港から市街地のホテルまでタクシーに乗った。運転手は、二〇代前半と思しき、一目で何となくムスリム系とわかる体格のよい、鋭い眼をした青年だった。おりしも当地は、「ムハンマド風刺漫画掲載問題」に揺れていた。この問題は、二〇〇五年九月、デンマークの新聞がイスラム教開祖ムハンマドを過激派テロリストをイメージさせる姿に描いた風刺画を掲載したことに始まった。このことはイスラム諸国からの抗議を惹き起こしたが、年明けにはさらに問題が拡大した。イスラム圏・欧州でデモ等の大衆的な抗議運動が広がるなか、フランスのメディアが「表現の自由」の旗印のもと風刺画を転載、火に油を注ぐ結果となった。[1] コペンハーゲンは、そもそも問題の発端となった場所だけに、ムスリム系住民による連日の大衆抗議運動が行なわれていた。

運転手の青年は、メルセデスのバンに荷物を積み込むとわれわれにどこから来たのか尋ねかけた。「日本からだ」と答えると、彼はやたらと上機嫌になった。発車するとすぐに彼は、進行中のムハンマド風刺画問題について英語で話し始めた。おそらく彼は激しやすい性格を持つ男なのであろうが、明らかに興奮していた。

「絶対に許せない。すべてはアメリカだ。俺たちムスリムが人殺しだって？　奴らこそ人殺しだ、世界中で人殺しをやっている。帝国主義者どもめ！」

われわれは適当に合いの手を入れながら聞いていた。雪がみぞれ状に積もった夕刻のハイウェイを飛ばしながら、彼は後部座席のほうへ身を乗り出し、大きな手振りとともに声をはり上げる。頼むからちゃんと前を見てくれ……。そのときだった、続いて出てきた彼の言葉は私を驚かせた。

「お前らは日本人だろう。日本人は本当に偉大だ、俺は深く尊敬している。アメリカとあれだけの大戦争をやったんだ、なんて見上げた根性なんだ！」

歴史的知識として、イスラム圏が一般に親日的であること、それを決定づけたのは日露戦争における日本の勝利であって、白人の帝国主義に苦しめられ、それに抵抗する同志という感情をイスラム圏が日本に対して抱いていたこと、トルコなどでは東郷平八郎にあやかって当時生まれた子供に「トーゴー」と名づけるのが流行した、といったことぐらいは私も知っていた。驚きだったのは、日本のあの無謀で杜撰な対米戦争がこの延長戦上で認識されている、ということだった。

彼はさらにこう続けた。

「俺たちは絶対に許さない。お前たちもそうだろう？　あいつらは原爆を落としやがったんだからな。今度アメリカとやるときは、絶対一緒にやろうぜ！」

返事に詰まった。その理由は、語学力の不足と長旅の疲れだけではなかっただろう。私は説明したかった。彼の言うことに心情的に共感する部分を私個人は持つが、それは日本人のマジョリティの心情ではないこと、戦後の日本が米軍に巨大な基地を供給し続けてきたこと、一貫して親米的な政権が選挙による審判に基づいて権力を握ってきたこと、国民生活の文化的側面においても米国からの影響は絶大であること、大部分の国民の心情は親米そのものであり、「もう一度やる」などと夢にも思っていないこと……。しかし、言葉が出てこない。どこからどう説明したらよいものか、見当もつかないのだ。ションベン横丁で目撃したあの光景と、運転手氏の想像する日本人の姿とのこの眩暈《めまい》を催すような落差、これを系統立てて説明しうる言葉を探した結果が、本書であるのかもしれない。

彼の言葉からもうひとつ私が理解したのは、なぜアルカイダのテロが東京で起きていないのか、ということだった。九・一一以降、アフガン侵攻とイラク戦争を背景に、二〇〇四年三月にはマドリードで列車爆破事件、二〇〇五年七月にはロンドンで同時爆破テロが起きていた。当時の私は、何時東京で爆破テロが発生しても何の不思議もない、と考えていた。むしろ、ロジカルに考えれば、やられないほうがおかしいとさえ思っていた。彼の言葉からわかったのは、イスラム圏が日本について大変な幻想ないし誤解を抱いている、ということにほかならなかった。この幻想によって、東京は爆破テロの脅威から救われているのだ、と。

そして、この経験から七年という時間が流れた。二〇一三年一月に発生したアルジェリアにおける武装勢力の人質事件は、日本とイスラム圏との関係の歴史における転換点を告げている。事件の詳細は不明瞭な点も多いが、出てきている証言によれば、英国BP社の幹部と並んで日揮の現地派遣社員が襲撃の筆頭級のターゲットとされた可能性は高い。幻想が永遠に維持されるはずもない。「戦後の終わり」のあらゆる徴候にもかかわらず日本が永続敗戦レジームを固守してきた間にも、歴史は進行している。歴史を無理矢理にせき止める試みは、かくしてすでに犠牲者を生み出してしまったのである。

あとがき

政治哲学方面に詳しい読者は、本書の議論に対して次のような不満を持たれたかもしれない。すなわち、本書は「敗戦の罪」をもっぱら問題とするばかりで、「戦争そのものの犯罪性」（ひいては、国家そのものの本性的暴力）を問うていないではないか、と。戦争そのものの犯罪性が追及されなければならないことに、私は全面的に同意する（国家や戦争に対する私の考え方については、著書『未完のレーニン』を参照していただきたい）。また、従軍慰安婦問題を含む戦時性暴力の問題をはじめとして、多くの先達たちがこの問題に取り組んできたが、私は、こうした努力に対して、最大限の敬意を払う者である。

それを前提とした上であえてこのような議論を展開した理由を記しておこうと思う。それは、わかりやすく言えば、「物事の順序」を守らなければ積極的な結果が出るはずがない、そして現に出ていない、と考えたからである。「戦争責任」という概念には、いくつかの層がある。かつてカール・ヤスパースは、それを「刑法上の罪」「政治上の罪」「道徳上の罪」「形而上的な罪」という四つの層に分類した（『戦争の罪を問う』)。前者から後者になるにつれて、抽象度が高くなり、要求される倫理性の質が高度なものとなる。この整理にあてはめてみれば、戦後日本で実行されたのは、「刑法上の罪」と「政治上の罪」をごく部分的に追及することであったにすぎない。勝てるはずがないとわかっていた戦争に「何となく」突っ込み、自国民の生命をまるで顧みることなく、自国を破滅の淵に追いやった指導層の責任、「負けたことの責任」という最も単純明快な責任でさえも、実に不十分な仕方でしか問われなかった。さらに言えば、責任追及の最大の儀式となった東京裁判は、連合国によるものである。つまりわれわれは、われわれ自身の国の進路を誤らせた人々の責任の追及を、われわれ自らの手で行なってはいないのである。

狭義の日本国民(すなわち、旧植民地出身でなく戦後も日本人であり続けた、今日の日本社会で大多数の人口を占める人々)の犠牲や不幸に対する責任すらまともに追及することのできない社会が、より高度に抽象的な責任を引き受けられるはずがない。時速一〇〇キロに満たないど真ん中のストライクを打てない打者が、一五〇キロのむずかしいボールを打てるはずがないのと同じことである。ゆえに、本書の議論の構えが国民国家の枠組みの限界を乗り越えるどころか強化しかねないという批判が出るとすれば、それは無効である。戦争責任のイロハのイを飛び越して、一挙に高度な次元における責任追及へと進む議論が、いまこの国と社会が抱えている問題の適切な解決に資することができるとは、私には思われない。

だからといって、私は、過去を問うにあたって日本にとっての「他者の声」を軽視してよい、などと言いたいわけではもちろんない。これらの声は、われわれの歴史にどのような過ちがあったのかを知るために、必ず聞き届けなければならないものである。ただし、それを受け止めるという行為を行なう者は、われわれ自身であるほかない。

こうした立場に立つとき、例えば、靖国神社をめぐる問題にどのように取り組むべきであろうか。私の答えははっきりしている。まずは、A級戦犯の合祀を取りやめることから始めなければならない。靖国をめぐっては、批判者のあいだでもさまざまな見解がある。主なものとして、A級戦犯の合祀を問題視する立場、日本国家の追悼施設として靖国がふさわしくないとする立場、自国民の死者のみを追悼する施設を批判する立場、戦死者を英雄化する国家の追悼施設そのものに反対する立場、等々がある。

ここでの逆説は、現在の靖国を無批判的に肯定する立場と、最もラディカルな批判である国家の追悼施設そのものを否定する立場が論理的には一見近しい、ということだ。というのは、無批判的な立場は、大東亜戦争での死者は経緯や立場はどうあれ皆等しく国に殉じたのであり、それゆえA級戦犯の刑死者を含めいまのような仕方で扱われなければならない、と主張する。これに対して、国家の追悼施設を根本的に否定する立場は、国家および戦争の犯罪性を全面に掲げる。国家とはすなわち犯罪そのものである。しかし、そうだとすれば、東条英機でさえも国家の犠牲者であると言わなければならない。ましてや、彼は、東京裁判の過程で、なるべく多くの罪を帝国陸軍の指導者層にかぶせて天皇の免訴を勝ち取ろうという日米合作の筋書きに積極的に協力して死んでいったのである。国家なるものがなければ、彼の運命はこのように苛酷なものではあり得なかった。とすれば、一兵卒から東条英機に至るまで、同じく「国家・戦争の犠牲者」として同一視することを、国家追悼施設否定論者は論理的に否定できないはずである。無論、これら両極の立場を同一視することは、甚しい混乱である。しかしながら、現在の靖国を無批判的に肯定する立場が絶滅されない限り、こうした混乱を防ぐことはできないのである。

国民国家の神話的装置としての国家追悼施設が、犠牲の要求を正当化し、犠牲を再生産する装置であることは明らかであり、そのメカニズムが明るみに出されたことには大きな意義がある。しかし、この次元の問題に社会が真の意味で向き合うことができるのは、初歩の問題から始めてひとつひとつの問題を整理・解決した後においてである。植民地支配や侵略に対する責任の問題も同様である。容易に共感を醸成しやすい自国民への責任すら満足に追及できない社会は、共感度が薄くなりがちな他国民への責任の問題に本来的な意味で取り組む能力を持たない。歩くことすらまだできていないのに走ることはできない。

元来政治哲学や社会思想を専門とする研究者である私が、本書のような時事的政論を主題とする書物を書く日が来るとは、考えたこともなかった。一種の直接的に実践的な義務感や切迫感に駆られてこれだけの量の原稿を書いたのは、初めての経験である。この感覚ゆえに、特に外交史や領土問題の専門家であるわけでもなく、日本政治史の専門家であるわけでもないのに、これらのテーマに首を突っ込むという「蛮勇」を奮うこととなった。事実関係についてはできる限りの正確さを当然心掛けたが、時間不足のため至らない点があるかもしれない。諸賢の吟味を受けることができれば幸いである。ともあれ、歴史家でもないのに歴史について語る決心がついたのは、本書を書くにあたって何か新しいことを言いたいとは思わなかったからである。本文中でも述べたように、本書は、これまで何度も指摘されてきた、対内的にも対外的にも戦争責任をきわめて不十分にしか問うていないという戦後日本の問題をあらためて指摘したにすぎない。いま必要なことは議論の目新しさではない、「真っ当な声」を一人でも多くの人が上げなければならない、という思いに駆られて私は本書の執筆に取り組んだ。

もちろん、私の上げる声は何の効果ももたらさないかもしれない。二〇一二年末の衆議院選挙の結果を目撃し、対外関係をめぐる幼稚で無知なわめき声（「主張」と呼べるほど立派なものではない）を耳にすると、はっきり言って、暗澹《あんたん》たる気持ちになる。だがそうした客観的に悲惨な状況は、私にとって究極的にはどうでもよいものだ。

「あなたがすることのほとんどは無意味であるが、それでもしなくてはならない。そうしたことをするのは、世界を変えるためではなく、世界によって自分が変えられないようにするためである。」（ガンジー）

三・一一以降、坂道を転がり落ちるかのごとく劣化した内実をさらけ出し続けているこの国の光景が目に入ってくるときに、ガンジーのこの言葉は私を支えてくれるし、この間この言葉を実践している有名無名の少なからざる人々の姿は、私に勇気を与えてくれている。「侮辱のなかに生きる」ことに順応することとは、「世界によって自分が変えられる」ことにほかならない。私はそのような「変革」を断固として拒絶する。私が本書を読む人々に何かを求めることが許されるとすれば、それは、このような「拒絶」を共にすることへの誘いを投げ掛けることであるに違いない。

＊

本書が成るにあたっては、太田出版の柴山浩紀氏と落合美砂氏のお世話になった。お二人の熱心な勧めと行き届いた支えがなければ、短期間のうちに本書を仕上げることは到底できなかった。本書の最初の原型となった原稿は、同じく太田出版の『atプラス』一三号（二〇一二年八月）に掲載された「永続敗戦論――「戦後」をどう終わらせるのか」と題するものである。これの執筆を勧めてくれたのも、同じお二方である。心より御礼を申し上げたい。

なお、文中敬称はすべて省略させていただいた。

二〇一三年二月　白井聡

文庫版　あとがき

本書の刊行から早いもので四年近くになる。その間、さまざまな出来事があったが、要は安倍晋三を首班とする自公政権が長期政権を築いている。安倍政権について私は、『「戦後」の墓碑銘』（金曜日、二〇一五年）を上梓し、徹底的に批判的な考察を加えた。なぜ安倍政権が批判に値するのか、にもかかわらずなぜ同政権が支持されているのかについては、この文庫版に加えた「韓国語版への序文」を参照していただきたい。ひとことで言えば、安倍政権とは「永続敗戦レジーム」の原理主義的純化による同レジームの死守をその本質とする政権である。本書が論じる通り、このレジームの原理たる「敗戦の否認」は戦後日本の国民的歴史意識にほかならないのであるから、この政権が長期安定化していることは驚くには値しない。永続敗戦レジームによって劣化した社会にふさわしい政治が行なわれているにすぎない。

そうしたなかで、今日、集団的自衛権の行使を容認する憲法解釈の変更以来、「日本国家はいかようにも合理化できない武力行使に再び踏み込むのではないか」という不安が高まっているが、それはもっともなことである。このレジームの耐用年数はとっくに過ぎているのだから、それをさらに持続させようとするならば、ますます強引な手段が必要となってくる。それはすでに、閣議決定によって憲法を実質的に変更するという政治手法において明白に現れている。戦争の実行もまた、柱を失ったレジームを無理矢理立たせるために選択されうる手段として現れるのではないか――この疑念が、新安保法制に対する大規模な反対運動を動機づけたのである。

この運動には、私も微力ながら関与してきたが、そこでの発見は、立ち上がって声を上げ始めた人々のあいだで、本書が理論的武器として時折参照されているらしい、ということだった。それればかりではない。本書が話題になって以降、私は福島第一原発事故の問題、沖縄の米軍基地問題のそれぞれの関係者から声を掛けていただき、関わるようになった。本書が刊行されるとき、私は本書が福島と沖縄でこそ広く読まれてほしいと強く願っていた。なぜなら、本書の説く永続敗戦レジームの矛盾が最も劇的なかたちで表面化した場所こそ、福島と沖縄であり、この二つの場所をめぐって起きた事件を直接の契機として「永続敗戦」の概念は構想されたからである。それゆえ、福島と沖縄で私の議論が説得的なものとして受け入れられるようであれば、私は自分の議論が真正なものであるとの自負を持ってよいはずだとも考えていた。
また、『永続敗戦論』の問題提起と同時発生するかたちで、このレジームに対する根源的な批判を投げ掛ける言論や実践がさまざまな方面から出現し、それを担う当事者たちといま種々の協働の機会を得るに至ったことも、本書が私にもたらしてくれた成果であった。

その一端を挙げるならば、例えば、矢部宏治氏の『日本はなぜ、「基地」と「原発」を止められないのか』（集英社インターナショナル、二〇一四年）ならびに『日本はなぜ、「戦争ができる国」になったのか』（同、二〇一六年）である。本書が戦後日本の対米従属構造の異様さを明るみに出すために思想史を方法とした俯瞰的見取り図を与えたとするなら、矢部氏の仕事はその見取り図を実証してくれたものであると私は考えている。

あるいは、猿田佐世氏が事務局長を務める「新外交イニシアティブ」の動きである。同団体は、翁長雄志《おながたけし》沖縄県知事が米軍基地問題に取り組むために県による外交を展開するに際してのアドバイザーとして知られている。それはつまり、永続敗戦レジームとの戦いの最前線に位置していると私は認識している。最近、ある雑誌の企画で猿田氏と対談する機会を得たが、本書による知見がまさにこうした現場で役立てられていることを知った。私の発した言葉が届くべき所に届いている、と実感できた瞬間であった。

言葉の届く先ということで言えば、本書の執筆時に私が強く意識していたのは、「内輪ウケ」の議論は絶対に排するということだった。私の経歴を詳しくたどればすぐにわかることだが、私の言論界への入り口はいわゆる左派陣営であった。ゆえに、左派・リベラル的な心情を持つ知識人やそれに共感する読者を意識して書けば、一定の称賛を得られる目算は立つ。しかし、最初から立論の普遍性を放棄したこのような姿勢は言論人として端的に堕落したものであり、とりわけ三・一一以降、言論人が日本社会の特定の「お客さん」向けの商売に勤《いそ》しんでいられるような状況にはない。

ゆえに私は、自己認識が「保守」であれ、「左派」であれ、「右派」であれ、「リベラル」であれ、はたまた「ノンポリ」であれ、およそ自らの頭で思考する意思のある人ならば、私の立論への賛否は別として、必ずや耳を貸してもらえるであろう理路を構築することに意を注いだ。以上の意図から、江藤淳や福田恆存《つねあり》の言説を積極的に参照したのも「内輪ウケ」を避けるためであったが、それによって、日本の保守派の大御所（福田）と米国の代表的左派の歴史家（ブルース・カミングス）が提示している論理に共通点があるという発見があったことには我ながら驚かされた。強靭な論理は、政治的立場についてのレッテルを超越するのである。本書に注目しコメントをしてくれた方々はその政治的傾向性において多様であるが、このことは、既存の政治的レッテルを超えた「自らの頭で主体的に思考する人間」が一種の塊として出現するために本書には徴かなりとも貢献するところがあることを証しているのではないか、と期待している。

しかしながら、私にとってこれらの勇気づけられる事柄があるとはいっても、われわれはまだ何も得てはいない。永続敗戦レジームは、いまだわれわれの眼前に聳え立っており、とりわけ政界や財界の状況は、端的に言って悲惨である。そんなときに思い起こすべきカール・マルクスの言葉がある。

> 批判の武器はもちろん武器の批判にとって代わることはできず、物質的な力は物質的な力によって倒されねばならぬ。しかし理論もまた、それが大衆をつかむやいなや、物質的な力となる。理論は、それが人間に即して、〔ad hominem〕論証をおこなうやいなや、大衆をつかみうるようになるのであり、理論がラディカル〔根本的〕になるやいなや、それは人間に即しての論証となる。ラディカルであるとは、事柄を根本において把握することである。[1]

「事柄を根本において把握すること」において本書はいささかの実績を上げたのではないか、と私は思いたい。しかし同時に、本書はまだ「物質的な力」にまで成り切ってはいない。今回、文庫版が公刊されることでより多くの読者を得ることによって、腐臭を放っている戦後レジームの残骸（＝永続敗戦レジーム）を片付けるに足るだけの「物質的な力」が形成されることを、私は心から願っている。

白井　聡

二〇一六年一〇月　京都にて

注

韓国語版への序文

1　玄大松『領土ナショナリズムの誕生――「独島／竹島問題」の政治学』ミネルヴァ書房、二〇〇六年、一五一頁。

第一章

1　「東京電力福島第一原発事故五日目の昨年三月一五日、緊急時迅速放射能影響予測ネットワークシステム（ＳＰＥＥＤＩ）による放射性物質の拡散予測について、当時の高木義明文部科学相ら政務三役や文科省幹部が協議し「一般にはとても公表できない内容と判断」と記した内部文書が作成されていたことが二日、同省関係者への取材で分かった。
文科省は「事務方が作ったメモだが不正確。公表の具体的な判断はしなかった」と内容を一部否定している。

事故直後のＳＰＥＥＤＩの試算公表をめぐる文科省の議事録などは公表されていなかった。」（《共同通信》二〇一二年三月三日）

2　「国会の事故調査委員会は、きょう、政府の事故調査・検証委員会の畑村委員長や、東京電力の事故調査委員会の委員長を務める山崎副社長らを参考人として招致し、公開で初めての本格的な質疑を行いました。
この中で、文部科学省科学技術・学術政策局の渡辺次長は、放射性物質の拡散を予測する「ＳＰＥＥＤＩ」と呼ばれるシステムで、事故の直後に行った予測のデータについて、外務省を通じて直ちにアメリカ軍に提供していたことを明らかにしました。

SPEEDIのデータは、文部科学省が、「実態を正確に反映していない予測データの公表は、無用の混乱を招きかねない」として、一部を除き、事故の発生から二ヵ月近く公表しませんでしたが、アメリカ軍に提供した理由について、渡辺次長は、「緊急事態に対応してもらう機関に情報提供する一環として連絡した」と説明しました。」（《NHKニュース》二〇一二年一月一六日）

3 「民間事故調は、放射性物質の飛散が増えた昨年三月一五日を、住民避難の観点から「運命の日だった」と指摘した。報告書は放射性物質の拡散予測システム（SPEEDI）に関し「（避難の）判断材料とするため三〇年にわたり開発してきたのではなかったのか」と問い掛け、予測を避難に活用できなかった国の失態を批判した。報告書はSPEEDIについて「原発立地を維持し、住民の安心を買うための『見せ玉』にすぎなかった」とも表現。一方で、予測に不確実さがあるものの「避難住民の被曝の可能性を低減させるため、最大限に活用する姿勢が必要だった」とした。

また文部科学省が第一原発事故後に、SPEEDIの運用を原子力安全委員会に「一方的に移管した」と指摘。「責任回避を念頭においた組織防衛的な兆候が散見され、公表の遅れを招く一因になった」と文科省の無責任ぶりを非難した。」（『産経新聞』二〇一二年二月二八日）

4 当時首相補佐官を勤めていた寺田学によると、菅直人首相以下政府首脳はSPEEDIの存在を確かに知らなかった、という。彼らのあいだでその存在が徐々に知れ渡ったとき、彼らは班目春樹原子力安全委員長（当時）に問い合わせたが、班目は「今回は役に立たない」と何度も断言したという。寺田いわく、「政治が隠した、のでもなく、役所機構のトップが隠したのでもなく、そもそも官邸に情報が入らなかった」(http://www.huffingtonpost.jp/manabu-terata/last_episode_b_11869758.html 二〇一六年九月一七日閲覧）。ともかくも、SPEEDIによる情報は、米軍には伝えられ、住民の被曝防止のためには使われなかった。それが事実である。

5 「福島第一原発事故が起きる前の二〇〇六年、東京電力が巨大津波に襲われた際の被害想定や対策費を見積もっていたことが、朝日新聞が入手した東電の内部資料でわかった。二〇メートルの津波から施設を守るには「防潮壁建設に八〇億円」などと試算していた。

津波対策をめぐっては、〇四年のインド洋大津波を受けて〇六年、国が東電に対策の検討を要請したほか、〇八年には東電が福島第一原発で最大一五・七メートルに達すると試算したが、いずれも対策はとられなかった。早期に実施された試算はことごとく生かされず、事故を回避する機会は失われた。」（『朝日新聞』二〇一二年六月一三日）

6 「東京電力が東日本大震災の前に、福島第一原子力発電所に従来の想定を上回る一〇メートル以上の津波が到来する可能性があると二〇〇八年に試算していたことが政府の事故調査・検証委員会で明らかになった問題で、東電は同じ試算で高さ一五メートルを超える津波の遡上を予測していたことが二四日わかった。大震災で同原発は、一四〜一五メートルの津波に襲われたが、「想定外の津波」としてきた東電の主張は、一五メートル超の遡上高の試算が明らかになったことで崩れた。東電は試算結果を津波対策強化に生かさず、大震災四日前の今年三月七日に経済産業省原子力安全・保安院に対し報告していた。

東電によると、国の地震調査研究推進本部が〇二年七月に新たな地震の発生確率などを公表したのを受け、東電は、〇八年にマグニチュード（M）八・三の明治三陸地震（一八九六年）規模の地震が、福島県沖で起きたと仮定して、福島第一と第二の両原発に到達する津波の高さを試算した。第一原発の取水口付近で高さ八・四〜一〇・二メートルの津波が襲来。津波は陸上をかけ上がり、一〜四号機で津波の遡上した高さは海面から一五・七メートル、同五・六号機で高さ一三・七メートルに達すると試算した。」（『読売新聞』二〇一一年八月二五日）

7 「東京電力福島第一原発で原発事故から今年九月までに働いた二万四一一八人のうち、国と東電のがん検診制度を無料で受けられるのは九〇四人で全体の三・七％にとどまることがわかった。国と東電が、五〇ミリシーベルト超の放射線を昨年一二月の野田政権による事故収束宣言までに浴びた場合に限る、と期限を切ったからだ。
収束宣言が出たとはいえ、福島第一原発では高線量下での作業が続く。例えば、九月にも二四人が積算五〇ミリシーベルトを超えたが、特別措置対象の東電社員二人をのぞく二二人は、無料のがん検診を受けられない。

厚生労働省は福島第一原発の作業員を

「緊急作業に従事する作業者」とし、うち一〇〇ミリシーベルトを超える放射線を浴びた人は、生涯にわたり年一回、無料でがん検診を受けられる制度を昨年一〇月に設けた。」（『朝日新聞』二〇一二年一一月二二日）

8 NHK『クローズアップ現代』二〇一二年一一月五日。

9 「軍国支配者の精神形態」のなかで丸山は、戦前日本の指導者が戦争責任を回避した、というよりも責任という感覚をそもそも欠いていることを痛烈に批判し、これを日本のシステムにおける「無責任の体系」として定式化した。

10 事故の被害について、現在最も懸念されるのは、福島における小児甲状腺癌の多発である。この件について突っ込んだ発言をするには高度な専門性が要求されるため私の手には余るが、少なくとも、行政や医療関係者に対して関係者の多くが抱いている不信感が、根拠あるものであることには疑いがないと思われる。

11 『朝日新聞』二〇一一年一二月二四日。

12 NHKスペシャル『シリーズ東日本大震災追跡　復興予算一九兆円』二〇一二年九月九日。

13 「東日本大震災の復興予算について、政府は二七日、全閣僚が参加する復興推進会議を開き、被災地と関連が薄い三五事業一六八億円の執行停止を決めた。

停止されるのは二〇一一、一二年度予算計上分のうち、まだ契約が行われておらず、国庫に残っている一一府省の事業。官庁施設の耐震改修事業や自家発電設備導入への補助事業などで、今後、復興との関連が疑わしい事業が新たに判明した場合は、各省は復興相、財務相と協議する。

復興予算を巡っては、全国の庁舎施設の耐震改修のほか、反捕鯨団体対策費など、被災地と関連の薄い事業にも使われたことから、野党から批判が出た。政府はこれまで行政刷新会議などで検討を重ね、国民への増税から捻出される復興予算は、被災地向け事業に限定すべきだと判断した。」（『読売新聞』二〇一二年一一月二七日）

14

「福島第一原発の事故を受け、日本気象学会が会員の研究者らに、大気中に拡散する放射性物質の影響を予測した研究成果の公表を自粛するよう求める通知を出していたことが分かった。自由な研究活動や、重要な防災情報の発信を妨げる恐れがあり、波紋が広がっている。

文書は三月一八日付で、学会ホームページに掲載した。新野宏理事長（東京大教授）名で「学会の関係者が不確実性を伴う情報を提供することは、徒に国の防災対策に関する情報を混乱させる』「防災対策の基本は、信頼できる単一の情報に基づいて行動すること」などと書かれている。

新野さんによると、事故発生後、大気中の放射性物質の広がりをコンピューターで解析して予測しようとする動きが会員の間で広まったことを危惧し、文書を出した。

情報公開を抑える文書には不満も広まり、ネット上では「学者の言葉ではない』「時代錯誤」などとする批判が相次いだ。「研究をやめないといけないのか」など、会員からの問い合わせを受けた新野さんは「研究は大切だが、放射性物質の拡散に特化して作った予測方法ではない。社会的影響もあるので、政府が出すべきだと思う」と話す。

だが、今回の原発事故では、原子力安全委員会によるSPEEDI（緊急時迅速放射能影響予測）の試算の発表は遅すぎた。震災発生から一〇日以上たった二三日に発表したときには、国民に不安が広まっていた。

気象学会員でもある山形俊男東京大理学部長は「学問は自由なもの。文書を見たときは、少し怖い感じがした」と話す。「ただ、国民の不安をあおるのもよくない。英知を集めて研究し、政府に対しても適切に助言をするべきだ」

火山防災に携わってきた小山真人静岡大教授は、かつて雲仙岳の噴火で火砕流の危険を伝えることに失敗した経験をふまえ、「通知は『パニック神話』に侵されている。住民は複数の情報を得て、初めて安心したり、避難行動をしたりする。トップが情報統制を命じるのは、学会の自殺宣言に等しい」と話している。」（『朝日新聞』二〇一一年四月二日）

なお、理事長からの問題のメッセージは http://www.metsoc.or.jp/others/News/message_110318.pdfにて閲覧可能。

15 同様の事例は、福島県における放射線測定の取り組みで知られる木村真三の事故当時の職場であった独立行政法人労働安全衛生総合研究所が、同所研究員に対して調査活動を禁じた事実に典型的に見出される。木村は即座に辞表を提出し、調査啓蒙活動に邁進してゆく。

16 「日本経団連の米倉弘昌会長は一六日、東京都内で記者団に対し、福島第一原発の事故について「千年に一度の津波に耐えているのは素晴らしいこと。原子力行政はもっと胸を張るべきだ」と述べ、国と東京電力を擁護した。米スリーマイルアイランドの原発事故を上回る重大事故との見方が強いだけに、発言は波紋を広げそうだ。

　米倉会長は事故は徐々に収束の方向に向かっているとし「原子力行政が曲がり角に来ているとは思っていない」と発言。「政府は不安感を起こさないよう、正確な情報を提供してほしい」と話した。（後略）」（『北海道新聞』二〇一一年三月一七日）

17　丸山眞男「軍国支配者の精神形態」『丸山眞男セレクション』平凡社ライブラリー、二〇一〇年、一五三頁。

18　笠井潔『8・15と3・11――戦後史の死角』NHK出版新書、二〇一二年、八七頁。

19　佐藤栄佐久『知事抹殺――つくられた福島県汚職事件』平凡社、二〇〇九年、一〇六―一〇七頁。

20　経緯については、吉見俊哉『ポスト戦後社会――シリーズ日本近現代史⑨』岩波新書、二〇〇九年、一二七―一三四頁、を参照せよ。

21　「原子力基本法改正「こっそり軍事利用へ」という誤報と、その責任（原英史）」http://getnews.jp/archives/227394（二〇一三年二月八日閲覧）

22　「相互確証破壊」は核抑止論の基本となる考え方である。二つの核兵器保有国が、相手から核攻撃を受けた場合、両国とも敵に対して壊滅的な打撃を与える報復攻撃を確実に行ないうる態勢を指す。こうした状態が「恐怖の均衡」をもたらし、核抑止が実現するとされる。

23　原子力基本法改正と全く同時期に、「宇宙航空研究開発機構」（ＪＡＸＡ）の設置法（ＪＡＸＡ法）が改正され、宇宙開発の目的を平和目的に限定する条文が削除されたことも、軌を一にした動向である。

24 NHKスペシャル『スクープドキュメント「核を求めた日本」』二〇一〇年一〇月三日。

25 『琉球新報』二〇一二年七月一日。

26 その後の沖縄での情勢の変化は目覚ましいものである。沖縄選出の自民党議員と仲井眞は、結局全員政府に屈服し、公約を反故にした。その結果、辺野古基地建設中止を目指す保革を越えた連帯、「オール沖縄」が翁長県政を誕生させた。

27 キャロル・グラック「現在のなかの過去」アンドルー・ゴードン編、中村政則監訳『歴史としての戦後日本（上）』みすず書房、二〇〇一年、一九五頁。

28 『法の哲学』序文に登場する言葉で、「ある事象について、その歴史が終わらなければ真の姿をとらえることはできない」ことの意。この言葉の思想的含みについては、白井聡『「物質」の蜂起をめざして――レーニン、〈力〉の思想』作品社、二〇一〇年所収、「補論・終末の認識論――レーニン〝再見〟に寄せて」を参照されたい。

29 デイヴィッド・レムニック『レーニンの墓――ソ連帝国最期の日々』三浦元博訳、白水社、二〇一一年、上巻・二〇―二一頁。

30 その典型例が沖縄核密約である。密約の締結にあたって佐藤栄作の密使として段取りを整えた若泉敬が『他策ナカリシヲ信ゼムト欲ス』を出版したのが一九九四年であり、二〇〇七年には米国公文書への調査によって若泉の証言が裏づけられた。さらには、二〇〇九年には佐藤栄作の家から秘密の合意議事録が「発見」された。外務省が有識者委員会報告を受けて密約の存在をつ

31

いに認めたのは、二〇一〇年に入ってからのことである。

本書執筆後、鳩山元総理は普天間基地移設問題の経緯・顚末について率直に語り始めた。それによって、本書で描いた図式は、本質において正当なものであると同時に、現実はこの図式よりももっと悲惨なものであることが明らかになった。鳩山の証言によれば、「鳩山は気に食わないから辞めさせろ」と命ずるシグナルが米国側から内々に発せられていたという証拠は存在しない。実際のところ、「米国の意思」を忖度した日本側の勢力（官僚および与野党の政治家たちだった）が、「鳩山降し」を自発的に主導したのであった（鳩山友紀夫・白井聡・木村朗『誰がこの国を動かしているのか』詩想社、二〇一六年、一〇九—一一一頁を参照せよ）。

ここに見て取れるのは「敗戦の否認」の最も洗練された形態である。「最低でも県外」という方針は、米国といったん結んだ約束を反故にすること、ちゃぶ台返しを意味し、「米国の意思」と「日本国民の意思」が衝突する可能性を含んでいる。官僚・政治家・メディアが意識的あるいは無意識的に恐怖したのは、この可能性が表面化してしまうことにほかならなかった。それゆえ彼らは、「鳩山降し」に狂奔し、それに成功したのである。

このやり方が「洗練されている」というのは、それが「絶対に負けない方法」だからである。なるほど、そもそも衝突がなければ、負けることもない。しかし、言うまでもなく、この方法はまやかしである。例えば、相撲であれば、土俵で投げられたり、土俵から突き落とされたりすることを絶対に避けようとするならば、土俵に上がらなければよい。「土俵に上がらない」という方法は「絶対に負けない方法」である。しかし、この方法を採用した力士は当然、不戦敗になるだけのことであり、愚かである。「鳩山降し」を主導した人々は、実質的にこの愚かな力士に等しい。

32 ブルース・カミングズ「世界システムにおける日本の位置」アンドルー・ゴードン編、中村政則監訳『歴史としての戦後日本(上)』みすず書房、二〇〇一年、一二四頁。

33 同前、一二三―一二四頁。

34 加藤典洋『敗戦後論』ちくま文庫、二〇〇五年、二六頁。

35 同前、二六―二七頁。

36 アンダーソンは著書『想像の共同体』のなかで資本主義の成立・出版産業の発展と国民意識の芽生えとを関連づけ、国民国家とは社会的に構築された共同体であり、帰属意識を持つ国民によって想像されるもの(想像の共同体)であると論じた。

37 共同討議「責任と主体をめぐって」『批評空間』第Ⅱ期第一三号、太田出版、一九九七年四月、三五頁。

38 江藤淳『忘れたことと忘れさせられたこと』文藝春秋、一九七九年、二二一頁。

39 この論点については、笠井潔が、戦間期における「戦争の非合法化」から東京裁判・戦後憲法の制定に至るまでの歴史過程の分析に基づいて、的確な江藤批判を展開している。笠井潔『8・15と3・11』一一九―一三〇頁を参照せよ。

40 悪い方向への変化は確かに生じた。それは、言うまでもなく、九〇年代以降の歴史修正主義の台頭である。これによって点火された「歴史認識問題」をめぐる論争が常に不毛なままに終わるのは、本当のところ問題になっている事柄が、個別的な歴史的事実に対する認識そのものなのではなく、認識の枠組みだからである。「われわれは非道なことなどしていない」という自慰史観の主張の本質は、あれこれの歴史的出来事についての別様の解釈ではなく、敗戦の否認である。

41 加藤典洋『敗戦後論』九九頁に引用。

42 同前、一〇一頁。

第二章

1 本書では実行できないが、外交文書が検討される際、本来は、条文の日本語版だけでなく、各国語版（日本語版以外が正文の場合もある）の条文が検討されなければならない。同じ条約でも、各国語版の間で条文のニュアンスが異なっているケースが、しばしば見られるからである。本書では、最低限の検討として、外務省が日本国民向けの説明原理として用いている日本語版の条文を見てゆく。

2 豊下楢彦『「尖閣問題」とは何か』岩波現代文庫、二〇一二年、四八―四九頁。

3 同前、五〇頁。

4 《佐藤優の眼光紙背》「一九九七年一一月一一日付の小渕書簡があるため日本政府は尖閣諸島周辺の中国漁船を取り締まることができない」http://blogos.com/article/46928/（二〇一二年一二月二八日閲覧）

5 この「定説」の是非については、孫崎享『日本の国境問題』ちくま新書、二〇一一年、七〇―七二頁を参照。また、丸川哲史は一九七〇年代に至るまで日本が中国との公式の国交を持たない状況にあって、中国としてはこの問題を話し合うための適切な場を持ち得なかったことを指摘している（丸川哲史「島と海と——東アジアの二〇年」『現代思想』二〇一二年一二月号、青土社、九六頁）。

6 中華人民共和国駐日本国大使館「日本の釣魚島不法占拠は「カイロ宣言」などの国際法文書をないがしろにするもの」http://www.china-embassy.or.jp/jpn/zt/diaoyudao/qita/t973762.html（二〇一二年一二月二八日閲覧）

7 外務省「尖閣諸島についての基本見解」http://www.mofa.go.jp/mofaj/area/senkaku/kenkai.html（二〇一二年一二月二八日閲覧）

8 中華人民共和国駐日本国大使館「日本の釣魚島不法占拠は「カイロ宣言」などの国際法文書をないがしろにするもの」http://www.china-embassy.or.jp/jpn/zt/diaoyudao/qita/t973762.html（二〇一二年一二月二八日閲覧）

9 豊下楢彦『「尖閣問題」とは何か』三三頁。

10 外務省「尖閣諸島についての基本見解」http://www.mofa.go.jp/mofaj/area/senkaku/kenkai.html（二〇一二年一二月二八日閲覧）

11 羽根次郎「尖閣問題に内在する法理的矛盾——「固有の領土」論の克服のために」『世界』二〇一二年一一月号、岩波書店、一一九—一二〇頁。

12 同前、一二〇頁。

13 豊下楢彦『「尖閣問題」とは何か』八二—八四頁。

14 孫崎享『日本の国境問題』一五六頁。

15 一九六〇年から六四年にかけて行なわれ

た、国際共産主義運動の路線をめぐる中国共産党とソ連共産党との論争。国家関係のあり方にまで波及し、中ソ間の対立を決定的なものとした。

16　豊下楢彦『「尖閣問題」とは何か』一〇一一頁。

17　『毎日新聞』二〇一二年一二月二九日。

18　一九四五年にヤルタで開かれた米ソ英の首脳会談で、スターリンは極東問題に関し、南樺太・千島列島・満州権益と引き換えに、ドイツ降伏後二〜三ヵ月以内の対日参戦を密約した。

19　有馬哲夫『CIAと戦後日本――保守合同・北方領土・再軍備』平凡社新書、二〇一〇年、三一一三二頁。

20　同前、三〇一三一頁。

21　マイケル・シャラー『「日米関係」とは何だったのか――占領期から冷戦終結後まで』市川洋一訳、草思社、二〇〇四年、二一四頁。

22　外務省『われらの北方領土　二〇一五年版』一一頁。

23　この経緯については、孫崎享『日本の国境問題』一〇四一一〇九頁を参照。

24　外務省「サンフランシスコ平和条約における竹島の取扱い」http://www.mofa.go.jp/mofaj/area/takeshima/g_sfjoyaku.html（二〇一二年一二月三一日閲覧）

25　豊下楢彦『「尖閣問題」とは何か』一二四頁。

26　朴裕河『和解のために――教科書・慰安婦・靖国・独島』佐藤久訳、平凡社、二〇〇六年、一八六頁。

27　浅井基文「領土問題を考える視点」http://www.ne.jp/asahi/nd4m-asi/jiwen/

thoughts/2012/471.html（二〇一二年一二月三一日閲覧）

28 「発足から間もない第二次安倍政権が、早くも北朝鮮に対して強い姿勢を示す〝安倍カラー〟を明確にしている。拉致被害者の家族会に、安倍晋三首相は「圧力」という言葉も使いながら「必ず安倍政権で解決する」との決意を示した。また、下村博文文部科学相は、拉致事件の解決に進展がないことなどを理由に、朝鮮学校に高校授業料無償化を適用しない方針を明言した。いずれも民主党政権とのスタンスの違いは明らかで、拉致被害者家族らは早期解決への期待を高めている。

就任からわずか二日。北朝鮮による拉致被害者の家族に対し、安倍晋三首相の口から出たのは「私が最高責任者であるうちに解決する」という強い意欲だった。進展なく終わろうとしている今年の最後、家族の心に一筋の光明が差した。

「どんなにつらいお気持ちだったかと思います」。安倍首相は、被害者家族の心情をそう思いやった。平成一四年一〇月一五日、五人の被害者が帰国したが、その後誰一人として帰国を果たせていない。一〇年にわたり結果が出ていないことに「申し訳ない」と陳謝した。

家族との面会で安倍首相は北朝鮮への「圧力」の必要性を強調した。延期となった日朝政府間協議は再開のめどが立っていないが「圧力に軸足を置いた対応をしていかなければ、北朝鮮は日本の足元を見て、結局はだまされてしまう」との説明があったという。」（『産経新聞』二〇一二年一二月二九日）。

29 『朝日新聞（デジタル版）』二〇一二年九月

一七日。

30 『毎日新聞』二〇一二年一二月三一日。

31 外務省「北朝鮮による日本人拉致問題」http://www.mofa.go.jp/mofaj/area/n_korea/abd/rachi.html（二〇一二年一二月三一日閲覧）

32 佐藤優・鈴木琢磨『情報力――情報戦を勝ち抜く〝知の技法〟』イースト・プレス、二〇〇八年、三三頁。

33 同前、二二頁。

34 『産経新聞』二〇一二年九月二〇日。

35 『産経新聞』二〇一二年一〇月一六日。

36 『産経新聞』二〇一二年九月一八日。

37 二〇一二年発行の外務省パンフレット「北朝鮮による日本人拉致問題」には、次のような記述があり、「日朝平壌宣言」の有効性が是認されている。

「拉致問題は、我が国の主権及び国民の生命と安全に関わる重大な問題であり、日本政府としては、北朝鮮側より納得のいく説明や証拠の提示がない以上、安否不明の拉致被害者はすべて生存しているとの前提に立ち、北朝鮮側に対し、生存者の即時帰国、安否不明の拉致被害者に関する真相究明等を強く要求してきている。政府としては、引き続き、日朝平壌宣言にのっとり、すべての拉致被害者の一刻も早い帰国を実現し、「不幸な過去」を清算して国交正常化を実現すべく全力で取り組んでいく。」

［傍点引用者］

38 「強硬派」と一口に言ってもさまざまな論調があるが、「実力をもって拉致被害者を奪還すべし」というような一部の論調は、無論取り上げるに値しない。このような主張は、単に空想的であり、拉致問題の政治利用を唯一の目的とした「ためにする」議論にすぎない。

39 『産経新聞』二〇一二年一〇月一四日。

40 『産経新聞』二〇一二年一〇月一六日。

41 シュミットは既存の法治主義的なルールや適正な手続きが通用しなくなった状況を「例外状態」と呼び、「主権者」を「例外状態に関して決定を下す者」と定義した。カール・シュミット『政治神学』(田中浩・原田武雄訳、未来社、一九七一年)を参照のこと。

42 船橋洋一『ザ・ペニンシュラ・クエスチョン――朝鮮核半島の命運』朝日文庫、二〇一一年、上巻・一三一頁。

43 同前、一三三頁。

44 「カネで解決できない問題」とは、ほかの代表例としては歴史認識問題であり、従軍慰安婦問題である。これらの問題については、日本国家は「カネで解決すべき問題」(経済援助の実施によって片が付けられた問題)、ないし国家が関与すべきでない問題として基本的に処理してきた。ゆえに、拉致問題に対する日本政府の態度は、「主体的選択」とみなされるべきである。

45 『朝日新聞(デジタル版)』二〇一三年二月一五日。

第三章

1 吉田茂らが日本国憲法の草案を検討しているところに訪ねてきたホイットニー准将は、日本側の草案(松本試案)を完全否定し、アメリカの作成した憲法草案を受け入れるよう詰め寄った。本文中の脅し文句は、草案の確認のために与えられた一五分という極めて短い時間の後、戻ってきたホイットニーが放ったものとされる。

2 こうした歴史解釈については、水野和夫の諸著作、特に『世界経済の大潮流——経済学の常識をくつがえす資本主義の大転換』（太田出版、二〇一二年）を参照せよ。

3　「米通商代表部（USTR）は一三日、日本の環太平洋経済連携協定（TPP）交渉参加に関する米業界団体からの意見の公募を締め切った。団体からは日本の交渉参加を支持する声が多かったが、市場開放の促進を求める要望が目立った。米自動車大手は日本の交渉参加に反対意見を表明し、日本独自の軽自動車規格の廃止を求めた。

（中略）

　米自動車大手三社（ビッグスリー）で構成する米自動車貿易政策評議会（AAPC）は、自動車市場の閉鎖性を理由に、日本のTPP参加には「現時点では反対」と表明。日本独自の軽自動車規格について「優遇措置はもはや合理的な政策とはいえない』「日本メーカーだけに恩恵がある」とし、廃止を主張した。

　AAPCは「日本は依然として、先進国の中では輸入車にとって最も閉鎖的な市場」と指摘。日本の技術基準や認証手続きが外資にとっての参入コストを引き上げているとの見解を示した。（後略）」（『日本経済新聞』二〇一二年一月一五日）

4　「日本の環太平洋経済連携協定（TPP）交渉への参加で焦点となっている自動車の市場開放を巡り、米自動車大手が日本独自の軽自動車規格の撤廃要請を取り下げたことが明らかになった。」（『日本経済新聞』二〇一二年二月五日）

5　次の文献を参照せよ。本山美彦『金融権力——グローバル経済とリスク・ビジネス』岩波新書、二〇〇八年。

6　豊下楢彦『「尖閣問題」とは何か』六四頁。

7 同前、二五一頁。

8 同前、二一〇頁。

9 『家畜人ヤプー』は覆面作家、沼正三による長編小説。一九五六年、雑誌『奇譚クラブ』にて連載、その後も断続的に発表された。白色人種の「人間」、黒色人種の「黒奴」、旧日本人である家畜「ヤプー」という三段階の身分差別のある近未来を舞台としている。この作品中には、「ヤプー」(＝日本人)が文字通り馬化され、白人によって乗りこなされるシーンが登場する。かつて三島由紀夫をも魅了したこの作品は、戦後日本の総体に対する精確無比の批評としてかつてない政治的リアリティを帯び始めている。本作品は単に面白おかしい「奇書」などでは断じてない。

10 豊田祐基子『「共犯」の同盟史——日米密約と自民党政権』岩波書店、二〇〇九年、八頁。

11 「プラハの春」の際、ソ連が実行したチェコスロバキアへの軍事介入を正当化する論理。社会主義共同体全体の利益は個々の国家主権に優越する、とした。

12 例えば「日米兩國民に訴へる」:『福田恆存評論集　第十巻』麗澤大学出版会、二〇〇八年、一一四・一二三頁。なお、同題の単行本が刊行されたのは一九七四年のことである。

13 豊田祐基子『「共犯」の同盟史』二七八頁。

14 「日米兩國民に訴へる」『福田恆存評論集　第十巻』一二二頁。福田からの引用は、旧字を新字に、旧仮名遣いを新仮名遣いに一部改めた。

15 同前、八七頁。

16 自由民主党「党の使命」http://www.jimin.jp/aboutus/declaration/100286.

html（二〇一三年一月一五日閲覧）

17 二〇一三年一二月二六日に安倍晋三首相が靖国神社参拝を決行したことに対し、駐日米大使館が間髪を入れずに「失望している」との声明を発表したことによって、このことは誰の目にも明らかなかたちで表面化した。「失望」の理由として、同声明は「米国は日本の指導者が日本の近隣諸国との緊張を悪化させる行動を取ったこと」を挙げており、靖国参拝を「米国への抗議」とまでは見ていないが、異例の強い表現（失望＝disappointed）が用いられた。

18 「安倍晋三首相は、今月末の訪米を前に米国メディアの取材に応じ、いわゆる従軍慰安婦問題について「人間として心から同情する。首相として大変申し訳なく思っている」と改めて陳謝したうえで「彼女たちが慰安婦として存在しなければならなかった状況につき、我々は責任がある」と述べ、日本側に責任があるとの認識を示した。

　米誌ニューズウィークと米紙ウォールストリート・ジャーナルの取材に首相官邸で一七日、それぞれ答えた。慰安婦問題については首相の「（旧日本軍による）狭義の強制性を裏付けるものはなかった」との発言に米国内から批判が出ており、首相は今月三日のブッシュ大統領との電話協議でも見解を説明、先月の国会答弁で「同情とおわび」に言及するなどしていた。今回の発言は日本側の「責任」も指摘することで、沈静化を図ったものとみられる。

　一方で首相は強制性をめぐる過去の自身の発言について「私が初めて述べたものでなく、これまでの政府の見解を述べた」と説明。「ここで事実関係を述べるのはあまり意味がない」としたうえで、「（軍の関与

を認め謝罪した九三年の）河野洋平官房長官談話を私の内閣では継承している」と改めて強調した。（中略）

米メディアに対する安倍晋三首相の発言の要旨は次の通り。

◆従軍慰安婦問題◆

慰安婦の方々に人間として心から同情する。そういう状況に置かれたことに、日本の首相として大変申し訳なく思う。（軍による狭義の強制性はないとした過去の発言は）私が初めて述べたのでなく、今までの政府見解だ。ここで事実関係を述べることにあまり意味がない。彼女たちが慰安婦として存在しなければならなかった状況に、我々は責任がある。非常に苦しい思いをしたことに責任を感じている。河野洋平官房長官談話を私の内閣は継承している。」（『毎日新聞』二〇〇七年四月二一日）

19 「米紙ニューヨーク・タイムズは三日付朝刊の社説で、「歴史を否定する新たな試み」と題し、旧日本軍による慰安婦募集の強制性を認めた「河野談話」に関して、有識者による再検討の必要性に言及した安倍晋三首相を「重大な過ち」と強く批判した。

社説は、一二月三一日付産経新聞一面などに掲載された安倍首相へのインタビュー記事を引用し、首相を「右翼の民族主義者」と決めつけ、「朝鮮などの女性を強姦、性奴隷にし、第二次世界大戦で侵略したことへの謝罪の見直しを示唆した」と非難した。

また、「戦争犯罪を否定し、謝罪のトーンを弱めるどのような試みも、韓国や中

20

国、フィリピンなど、戦時中の日本の野蛮な行為で苦痛を受けた国々を激怒させるだろう」と指摘。最後に「安倍首相の恥ずべき衝動は北朝鮮の核開発など地域の重要な協力態勢を脅かす恐れがある。こうした修正主義は、日本にとって恥ずべき愚かなことだ」としている。」（『産経新聞』二〇一三年一月四日）

その後、安倍政権の歴史修正主義への欲望は、二度にわたって抑圧を受けた。一度目は、二〇一五年八月に発表された「戦後七〇年談話」であるが、ここで安倍は村山談話の路線の継承を誓わざるを得なかった。二度目は、同年末の、従軍慰安婦問題に関する韓国政府との新たな合意である。いずれの場合も、安倍自身とその熱心な支持者たちの歴史観とはかけ離れた言動を安倍はとらざるを得なかったが、その背景には、歴史認識をめぐる近隣諸国との緊張の昂進を断じて許さないという米国からの圧力があったと想像できる。それと同時に、戦後七〇年談話においては過去への反省を主語抜きで表現し、従軍慰安婦問題においては被害当事者に諮ることなく「最終的、不可逆的解決」を謳った点に、いわば歴史修正主義者、安倍晋三の面目躍如たるものがある。

ともあれ、米国からの警告を幾度も受けた結果、安倍政権は、対外的局面では歴史修正主義の欲望を露《あらわ》にすることを控える傾向を強めてきた。つまり、このプロセスを通じて、日本の歴史修正主義者たちが歴史を修正できる範囲は米国によって定められている、という事実がはっきりしたのである。

21

特に問題となる対中・対韓関係におい

て、日本が何もしてこなかったわけではない。主としてODAを通じた経済援助が「形をとった謝罪と反省」の内容である。ODAと戦争責任については、二つの側面を指摘しておくことが必要である。

ひとつには、借款の形式が多くカネを貸しているにすぎないといった批判や、紐付きにすることによって資金還流の経路を確保したうえでそれが行なわれているといった事情があるとはいえ、事実上の賠償としてなされた援助がこれらの国々の発展と人々の生活向上に寄与したという側面である。その意味では、日本は対外的戦争責任を全く取っていないとは言えない。

だが、もうひとつ指摘すべきは、対中・対韓ODAが実際のところ賠償に代わるものであるということを、日本が否認してきたという事実である。例えば、日中両国の対中ODAに対する認識について、岩城成幸は次のような発言を紹介している。対中ODAが始まった当時、大平正芳首相（当時）は、国会で次のように答弁している。「賠償につきまして、中国は賠償は請求しないということが決められたわけでございます。したがって、賠償とか賠償にかかわるものとか、そういう考え方に立脚して日中関係を考えることは正しくない、また中国の意図でもないと私は考えております……」。これに対して、「中国側は、対中ODAは請求を放棄した戦後賠償の代替の意味合いがあるとの認識を持っている。現に、平成一二年五月に来日した唐外相は、日本記者クラブでの講演で、『中国に対するODAは、戦後賠償に代わる行為である』との認識を示した」（岩城成幸「対中国ODA（政府開発援助）見直し論議」

『調査と情報』第四六八号、国立国会図書館、二〇〇五年、一―二頁)。

要するに、ここには認識の齟齬があると言わざるを得ないのだが、日本はそれを突き詰めようとはしない。それは不可避的に敗戦の事実と再び向き合うことを意味するからである。ここにもまた「永続敗戦」の構造を見出すことができる。

その代償は小さいものではない。なぜなら、ODAの性格づけが曖昧化されることによって、対外的には「日本は何ひとつ代償を払ってこなかった」という事実に反する印象を与える余地をつくり出した一方で、対内的には「これらの国々は経済発展を遂げたにもかかわらず、過去をカタに取った強請《ゆすり》を日本に対して続けている」という不満の源泉を醸成してきたからである。

22 石破茂「新しい自民党をつくる」『文藝春秋』二〇一三年二月号、文藝春秋、一九三頁。

23 笠井潔『8・15と3・11』七九頁。

24 もちろんそこには例外もある。その代表的存在は、社会党の有力者であり、社会主義協会代表を務めたマルクス経済学者の向坂逸郎である。向坂は一九七七年に、社会主義政権が樹立された暁には非武装中立を放棄してワルシャワ条約機構に加盟すると明言した。

25 若泉敬『他策ナカリシヲ信ゼムト欲ス――核密約の真実(新装版)』文藝春秋、二〇〇九年、三七一―三七二頁に引用。

26 久野収・鶴見俊輔『現代日本の思想――その五つの渦』岩波新書、一九五六年、一一七―一八二頁。

27 一九三〇年、ロンドン海軍軍縮条約に調印した浜口民政党内閣に対し、統帥権の独立を犯すものだとして野党政友会による攻撃が起きた。これに乗じて海軍軍令部や右翼も政府を攻撃するに至り、政府が軍部を統率する力を失ってゆく重大な契機のひとつとなった。

28 マルクスは『ルイ・ボナパルトのブリュメール一八日』のなかでヘーゲルの「世界史上の大事件と大人物は二度現れる」との言葉を引いて、この箴言を付け加えた。具体的には「一度目」はナポレオンのクーデター、「二度目」はルイ・ボナパルトのクーデターを指す。「二度目」は、大事件の発生に構造的な必要性があることを含意する。

29 ヘーゲルの元の言葉は次の通り。「国家の大変革というものは、それが二度くりかえされるとき、いわば人びとに正しいものとして公認されるようになるのです。ナポレオンが二度敗北したり、ブルボン家が二度追放されたりしたのも、その例です。最初はたんなる偶然ないし可能性と思えていたことが、くりかえされることによって、たしかな現実となるのです。」（ヘーゲル『歴史哲学講義』長谷川宏訳、岩波文庫、一九九四年、下巻・一五一―一五二頁）

30 一九五一年に調印された日米安保条約の不平等性は、以下の点にある。すなわち、米軍の日本駐留は、日本側からの希望に基づいているがゆえに「権利」であり、したがって、米軍は侵略者に対して日本を防衛する「義務」を負わないし、また何時でも随意に撤退できる。次に、米軍は日本における内乱に介入できる。そして、「極東」の範囲を定めない「極東条項」により、米軍は何の制約もなく日本国内の軍事基地を地球上のあらゆる地域での作戦行動に活用することができる。その他、付随する「行政協定」による、米軍兵士や家族の「治外法権」の公認などが挙げられる。

31 豊下楢彦『安保条約の成立――吉田外交と天皇外交』岩波新書、一九九六年、七五頁。

32 本論は豊下の推論に基づいて記述されている。この推論が誤っている可能性は当然存在し、仮にそうであるならば、昭和天皇の考えや行動がねじ曲げられて伝えられている、ということになる。しかし、豊下の推論は慎重な手続きと合理的な思考によって組み立てられたものである。現在の外務省および宮内庁が堅持している、問題の過程についての歴史資料をほとんど公開しないという態度は、豊下の推論の正しさを事実上認めているものと受け止めざるを得ない。

33 豊下楢彦『安保条約の成立――吉田外交と天皇外交』一九一頁。

34 豊下楢彦『昭和天皇・マッカーサー会見』岩波現代文庫、二〇〇八年、一二八頁。

35 三島由紀夫『英霊の聲』は、一九六六年発表。二・二六事件で処刑された将校と特攻隊兵士の霊が霊媒師に降りて、「などてすめろぎは人間《ひと》となりたまいし」と天皇への無念を吐露する。

36 片山杜秀『国の死に方』新潮新書、二〇一二年、二一一頁。

37 渡辺清『砕かれた神――ある復員兵の手記』岩波現代文庫、二〇〇四年、四〇―四一頁。

38 片山杜秀『国の死に方』二一三頁。

39 若泉敬『他策ナカリシヲ信ゼムト欲ス』六一六頁。

40 若泉敬は、『他策ナカリシヲ信ゼムト欲ス』の刊行が日本社会に衝撃を与え、自分は国会に召喚され証言を求められるだろうと予想し、国会での振る舞いの予行演習までして、その日に備えていたという。しかし、時の権力(=永続敗戦レジーム)は、若泉の暴露を単に黙殺した。さらなる、そして最大の皮肉は、第二次安倍政権にて外交・安全保障分野で首相の右腕を務める、本書でも言及した(一七六頁)谷内正太郎は、若泉の弟子であるという事実だ。

41 笠井潔『8・15と3・11』九六頁。

42 「近衛上奏文(全文)」『論争』一九六二年八月号、論争社、一四八―一五〇頁。

43 日中戦争開始後に反ファシズム人民戦線運動を企てたとされた日本無産党などに対する弾圧事件。以後、反戦・反ファッショ的運動の合法的展開はできなくなった。

44 河原宏『日本人の「戦争」――古典と死生の間で』講談社学術文庫、二〇一二年、一四二頁。

45 同前、九七頁。

46 同前、一四四頁。

47 同前、一四五頁。

48 吉田裕『昭和天皇の終戦史』岩波新書、一九九二年、二七頁。

エピローグ

1 この「フランスのメディア」とは「シャルリー・エブド」紙である。その後も同紙は、ムハンマドを題材とした風刺画を幾度も掲載し、その度にムスリムからの激しい反発を呼び起こすこととなる。そして、二〇一五年一月七日、ついに「シャルリー・エブド襲撃事件」が発生し、警察官二名、ビル管理者一名を含む、計一二名が殺害される惨事に至った。

文庫版　あとがき

1　カール・マルクス「ヘーゲル法哲学批判序説」『ユダヤ人問題によせて　ヘーゲル法哲学批判序説』城塚登訳、岩波文庫、一九七四年、八五頁。

解説

進藤榮一

『家畜人ヤプー』と米日関係

新進気鋭の政治学者、白井聡さんを突き動かし、日本思想界に画期をつくることになった『永続敗戦論』を書かせたものは何であったのか（原著は、二〇一三年三月、太田出版から刊行）。

著者が示唆するように、答えは、二〇一一年三月の福島第一原発事故にある。著者は、事故と事故後の一連の展開劇を通して、大米帝国の長くて黒い影に気付く。その影のもとで日米同盟なるものによって結びつけられた「同盟国」日本の政治家、経済人、官僚やメディア、学者たちの生態に衝撃を受ける。

その生々しい生態が、フクシマの悲劇九ヵ月前、二〇一〇年六月に、わずか九ヵ月の短命に終わった鳩山由紀夫政権の退陣劇にも通底していたことを、白井さんは再確認する。

確かに日本は、七一年前、一九四五年八月一四日にポツダム宣言を受諾し「大東亜戦争」に敗北し、米国に占領統治された後、五一年にサンフランシスコ講和条約で、米国から独立した。しかし実際には「独立」後、今日に至るも日本は、事実上の対米従属占領下におかれているのではないか。しかも、日本側がそれを望んで、自らを米国に差し出しているのではないか。なぜなのか。そういって白井さんは読者に重い問いを投げかける。

実際、日本は米国の事実上の支配下にあり、私たち国民は、私たち自身で政策も政権も、根本的なところでつくることも、実施することもできずにいる。それが、原発からも基地からも撤退できない「この国のかたち」に表れている。

その好例が、たとえば、沖縄・普天間基地の「国外か、少なくとも県外」移転を進めようとした鳩山政権が、外務官僚と米国政府の重圧、策略下で潰されたことである。米ソ冷戦が終わったのに、なぜ米国は、中国や北朝鮮の脅威を煽り立て、日本は沖縄に世界最大規模の米軍基地を置き続け、巨額の米国製兵器を買い続けるのか、という疑問に、問いはつながっている。

白井さんはそれを、日本が一九四五年八月の敗戦以来、今日まで事実上の敗戦下に、自ら進んで組み敷かれているからだとして政策過程を分析し、「永続敗戦」と呼ぶ。そしてその永続敗戦の〝分け前〟を、日本のエリートたちが、官界や政界、経済界からメディアや学界に至るまで、米国の権力層の差し出す利益に群がりつながり合って貪り続けているからだ、と結論づける。いわば、米日（日米でない！）の「永続敗戦」利益複合体だ。

白井さんは、その米日利益複合体の実態、もしくは「永続敗戦」の仕組みを、歴史的、精神史的文脈の中で、一つひとつ解きほぐし、それを読者の前にさらけ出していく。

まず第一章で福島第一原発事故に、第二章で領土問題に、第三章では戦後史問題に焦点を絞る。そしてそこから戦後ニッポンの国民が「侮辱」され続ける国民不在の、あるいは国民組み込みの、そして何よりも、米日「共犯」の「永続敗戦」構造の歴史と精神史を露《あらわ》にしていく。

そこで強調されるのは、この国のエリートたちが、国民の利益を「同盟国」アメリカに喜んで差し出す、倒錯した姿だ。その倒錯した関係を通じて、帝国の差し出す利益を貪り、自らの地位と利権を増大させ保全する、「国民侮蔑」の醜いエリートたちの姿だ。

著者とともに読者はそこから、安倍第二次内閣外交の指南役、谷内《やち》正太郎・元外務事務次官の高唱する「騎士と馬」論を想起できる。氏自身の表現を借りるなら、日米関係の本質であり、あるべき姿は、アメリカという「騎士」に鞭打たれて轡《くつわ》をはめられ走る、ニッポンという「馬」だというのである。谷内氏は、安倍第二次政権が新設した国家安全保障局の初代局長を務め、安保法制やTPP参加を進めた黒衣である。

この日米関係の喩えは、米国外交の指南役、ブレジンスキー元大統領特別補佐官の定義と、正確に一致する。氏によれば、世界には三種の国家がある。敵対国と同盟国と、帝国に貢物をする進貢国であり、日本は進貢国の典型であると定義づけられている。

日米関係「騎士と馬」論を見て白井さんは、覆面作家・沼正三のSF小説『家畜人ヤプー』を連想させると、次のように作品要旨を紹介する。

三島由紀夫をも魅了したこの作品の中で「完全に家畜化され白人信仰を植えつけられた（筆者注　ヤプーと名付けられた）日本人は、生ける便器へと肉体改造され、白人の排泄物を嬉々として飲み込み、排泄器官を口で清めるのである」（二七六頁）。

白井さんは、そうした「独立国家」ニッポンの戯画化され倒錯した「永続敗戦」の仕組みを、歴史的、思想史的文脈に位置づけ直して明らかにする。

「敗戦のかたち」をめぐって

第一に、日本人は、「敗戦」という現実を見据えることなく、その現実を否認し続けてきたために、「敗戦」に伴って生ずる「戦争責任」をうやむやにしてきたという、戦後史の原像がある。

いうまでもなくその最初の行為が、国家元首として昭和天皇が、一九四五年八月一五日に発表した「終戦の詔書」である。

そこで天皇は、「朕深く……」で始まる詔書によって敗戦を「終戦」と呼び換え、「敗戦」を否認した。そして神州不滅の神話に寄り添って「一億総懺悔《ざんげ》」を国民に求めながら、「国体の護持」つまり天皇制維持を至上命題とし「堪えがたきを堪え忍びがたきを忍」ぶべきことを説いたのである。その敗戦の「否認の構造」が、戦後日本人の精神構造と「侮辱」の戦後史を貫くことになる。

しかも米ソ冷戦の進展下で天皇は、戦争の最高指導者でありながら責任を問われることなく、死に至るまで在位を全うする。敗戦と戦後の出発点で私たちが許容した「責任の所在を問うことのない」体質が、日本の没落をつくり出している。その表出を私たちは、今日に至るまで頻繁に見ることになる。

原発企業の責任を問うことなく再稼働する原発事故処理問題や、沖縄・辺野古移転問題、石原慎太郎都政以来の築地市場豊洲移転問題に及んでいる。「TPP断固反対」を選挙公約に掲げながら「米日共犯」によってTPP推進に転換した例も同じだ。

政治学者・丸山眞男のいう戦後「無責任の体系」が、「永続敗戦」下で「人間を幸福にしない日本というシステム」(カレル・ヴァン・ウォルフレン)を覆い、その骨格をボロボロに侵し続けることになる。

敗戦後論という虚妄

第二に、いわゆる「敗戦後論」なるものの虚妄である。評論家、加藤典洋氏が展開した議論である。加藤氏によれば、日本が受諾した「無条件降伏」は「無条件」ではない。しかも降伏条件受諾を決定的にした原爆投下によって米国は、米国製正義とアメリカの核の傘を差し出して、日本国憲法を押し付けた。そしてそのアメリカの影で日本は「平和と繁栄」を手にする。

だから日本が自らを取り戻すためには、一方で憲法を「選び直す」ことを自らの手で進めなければならない。そして自らの主体性を回復するために、まずは自国の三〇〇万以上に上る犠牲者に哀悼を捧げ、それを通して謝罪の主体を立ち上げ、その(日本人の)主体に基づいて、アジアの二〇〇〇万人の死者を哀悼し、謝罪に至ることだという。三〇〇万人が先で、二〇〇〇万人はその後だ、自国の被害者への哀悼が先で、アジアの被害者への謝罪はその後だ、というのである。

その「主体性」論の延長上に加藤氏は二〇一五年、九条改憲論を打ち出した。すなわち、九条を軸に現憲法を国民投票にかけることを提唱した自衛隊合憲と国連PKO派兵容認を軸に「憲法の選び直し」をし、敗戦ニッポンの〝ねじれ〟なるものを解消すべきだというのである。

しかしもし日本の敗戦による「戦後」が、今日まで「永続」しているのなら、そもそも「戦後」後なるものを議論すること自体が、壮大な虚妄ではあるまいか。

しかし加藤氏は「原爆と無条件降伏、天皇をめぐる戦後の「傷」に関しては、自分の文学者としての直観を、少なくとも世の国際政治学者の学識以上には信じている。この本に記したことへの確信はいまもゆるがない」（『アメリカの影』講談社学術文庫、六頁）と豪語する。しかしこれは、知の驕りではないのか。

そもそも「敗戦後論」なるものが依拠している、原爆投下やポツダム宣言受諾から、憲法制定、さらには慰安婦問題や戦争犯罪問題に至る、氏の戦後史理解は、「国際政治学者」の眼から見れば、あまりに浅薄で、それでいて晦渋な歴史〝非〟実証的分析によっている。

いうまでもなく知識人が、文学者であれ国際政治学者であれ、知の驕りに淫したとき、その知は真実を穿つ力を失う。そしてただの衒学でしかなくなって、人の世を誤らせる。その実例を私たちは、いやというほど、敗戦までの日本近代史の過程で見てきた。その驕りが、冷戦後の不毛の政治改革劇やアベノミクス不況をも生んでいる。

白井さんと加藤典洋氏との最大の違いは、白井さんが、知の驕りに淫することなく、歴史の現実を直視している点にある。そして現実の歴史に潜む「差別の構造」と、アジアと第三世界という変数を、自らの歴史像の中に組み込んでいる点にある。だからこそ白井さんは本書を、フクシマの被災者の話から説き起こし、琉球処分に筆鋒を向け、ニッポン復古主義者たちの「固有の領土」論の偏狭さを突き続ける。

そしてその先に、アジアとの共生の道を模索する。その模索の過程を、真正「左翼」哲学者、廣松渉の慧眼から読み解いていく。氏は、逝去直前の新聞論説で「日中を軸にした「東亜の新体制」」の構築を提唱していた（『朝日新聞』一九九四年三月一六日付。白井「廣松渉の慧眼」『沖縄自立と東アジア共同体』進藤榮一・木村朗共編、花伝社、所載）。

白井さんが本書のあとがきを、ガンジーの言葉で締めくくっているのは象徴的だ。というのも、このインドの指導者と交流のあった民族的詩聖タゴールこそが、「アジアは一つ」を謳った岡倉天心の最高の友であったからだ。ちなみに白井さんは、本書の仕事で国際アジア共同体学会の第三回岡倉天心記念賞を二〇一五年に受賞している。

『未完のレーニン』が問いかけるもの

最後に、白井さんの処女作、『未完のレーニン』（講談社選書メチエ、二〇〇七年）と、本書との関係に一言触れておきたい。いったい白井さんは、大学院修士課程の学生時代以来、なぜ『未完のレーニン』という、およそ時代遅れとも見える課題に挑んでいたのか。そのレーニン論は、『永続敗戦論』と、どこでどう繋がっているのか。

紙数も尽き始めているので、一編の詩を引用することによって、このアポリアへの手掛かりを、読者に供したいと思う。ソ連体制下で長年闇に葬られながら、ゴルバチョフのペレストロイカで日の目を見ることになった「国民詩人」アレクサンドル・トヴァルドフスキー、生涯最後の詩である。

たとえ目撃者の幾世代もが／ひっそりと水底に消えていこうと／忘却とは忘れ去ることとなりなどと／すましていられる私たちではないはずだ。
けれど　あったことのすべては忘れられない／闇から闇へと葬られはしない——

ああ、もしもいまレーニンが生き返って／こんなになってしまった事態を目にしてくれたらなァ——

あの人なら、一見些末な現象の背後に／事態の広さ、深刻さを見てとってくれただろうに／ひょっとしたら、ひょいと肩をすくめて／ぽつり　つぶやいてくれたかもしれない／——どうなっているんだい、こりゃ！　と。

けれど、そうなってしまったこと、なるだろうことは／他に転嫁できない、私たち自身の責任／レーニンだとて　裁きを下しによみがえりはしない／生きているときから、あの人は神ではなかったのだ。

＊　＊　＊

——まあ、いいだろう、青春の日、あの草刈場で／眠りもやらず語り明かしたときに／ぼくらが夢見た未来は別物であったけれど／だからって悄気《しょげ》る必要などさらにない。

アレクサンドル・トヴァルドフスキー「記憶の権利によって」（江川卓訳）、和田春樹編『ペレストロイカを読む』御茶の水書房、一九八七年、一一〜二一頁（ルイス・フィッシャー『レーニン』猪木正道・進藤榮一共訳、筑摩書房、新装版、

上巻、一九八八年、進藤「ペレストロイカとレーニン――新装版への解説にかえて――」から再引用）

白井さん自身の言葉によれば、冷戦終結とともに、レーニン像が引き倒されるテレビ報道に著しい違和感を覚え、もう一度「世界を震撼させた十日間」の意味と、その始祖レーニンの「力への意思」と政治革命成功の条件とを解き明かすべく、レーニン復権の旅に出たようである。

前掲の詩の「レーニン」の代わりに、いま私たちは、敗戦直後の「日本国憲法制定者たち」を置き換えることもできる。「マッカーサー憲法」の原型となった民間憲法草案の策定者、鈴木安蔵や高野岩三郎たちだ。あるいは衆議院帝国憲法改正案小委員会で憲法の土着化と国際化を進めた芦田均委員長や、憲法二五条の起草者・鈴木義男委員、森戸辰男委員たちである。

その時、冷戦終結以後の日本政治に欠落していたものの実態が何であって、なぜ鳩山「民主革命」が挫折したのかが、そしてもし再度、政権交代革命を成し遂げようとするなら、そのために、日本政治と外交や経済に何が欠け、何が求められているのかが、見えてくるはずだ。そして「永続敗戦」の先に私たちは、日米安保を超えて、アジア共生の仕組みとして東アジア共同体をつくり上げることの枢要性に気付くはずだ。

それが、不毛の領土論争から脱して「アジア力の世紀」に生きる私たちの使命である。脱米入亜、もしくは連欧連亜の道と言い換えてもよい。それが、白井さんが真に語りたかったことではあるまいか。

二〇世紀初頭に革命家レーニンが、世界戦争を内戦に転化させ、圧倒的な劣勢を逆転させて革命に成功したように、二一世紀初頭のいま変革者たちがすべきことは、グローバリズムという「世界戦争」を、（一％に対する九九％の）「内戦」に転化させることだ。そしてレーニンの古典的名著『何をなすべきか』でマルクスを引いてレーニンが諭したように、民衆に対する知的選良（民衆に寄り添うことのできるエリート）の復権と指導性を取り戻し、（ボリシェビキならぬ）「変革政党」としての思想的政治的「純化」を図って、権力奪取のシナリオを組み替えていくことではあるまいか。

それが「永続敗戦」から祖国ニッポンが脱出して、二一世紀アジアとともに世界と「この国のかたち」をつくり変えていく道である。

白井さんの本は、そんな想いに私たちを駆りたてていく。


（筑波大学大学院名誉教授）

白井 聡―1977年、東京都生まれ。早稲田大学政治経済学部政治学科卒業、一橋大学大学院社会学研究科博士課程単位修得退学。博士（社会学）。専攻は政治学・社会思想。日本学術振興会特別研究員等を経て、現在京都精華大学人文学部専任講師。著書に『未完のレーニン――〈力〉の思想を読む』（講談社選書メチエ）、『「物質」の蜂起をめざして――レーニン、〈力〉の思想』（作品社）、『「戦後」の墓碑銘』（金曜日）、『戦後政治を終わらせる永続敗戦の、その先へ』（NHK出版新書）など。本書『永続敗戦論――戦後日本の核心』（太田出版）で第4回いける本大賞、第35回石橋湛山賞、第12回角川財団学芸賞を受賞。

講談社＋α文庫 永続敗戦論《えいぞくはいせんろん》
――戦後日本の核心
白《しら》井《い》 聡《さとし》

2016年11月17日第1刷発行
2019年7月16日第3刷発行

発行者――――渡瀬昌彦
発行所――――株式会社 講談社
東京都文京区音羽2-12-21 〒112-8001
電話 編集(03)5395-3522
販売(03)5395-4415
業務(03)5395-3615

デザイン―――鈴木成一デザイン室
カバー印刷――凸版印刷株式会社
印刷―――――株式会社新藤慶昌堂
製本―――――株式会社国宝社

落丁本·乱丁本は購入書店名を明記のうえ、小社業務あてにお送りください。
送料は小社負担にてお取り替えします。
なお、この本の内容についてのお問い合わせは
第一事業局企画部「＋α文庫」あてにお願いいたします。
Printed in Japan ISBN978-4-06-281651-9
定価はカバーに表示してあります。